S. FISCHER

Christoph Ransmayr

ALS ICH NOCH UNSTERBLICH WAR

Erzählungen

S. FISCHER

Der S. Fischer Verlag hat sich zu einer nachhaltigen Buchproduktion verpflichtet.

MIX
Papier | Fördert gute Waldnutzung
FSC® C083411

Erschienen bei S. FISCHER

Satz: Dörlemann Satz, Lemförde
Druck und Bindung: CPI books GmbH, Leck
ISBN 978-3-10-397608-3

Inhaltsverzeichnis

12a, ein Vorwort

13! Die verbotene Dreizehn. In den Mietshäusern der Wiener Gründerzeit wurde über Wohnungstüren, die der Reihenfolge nach die Zahl 13 tragen sollten, zur Abwendung jedes mit der Dreizehn verbundenen Unheils *12a* gesetzt, bevor die Reihe über diese Tarnung hinweg zur 14 weitersprang.

Möglicherweise habe ich von dieser magischen Maßnahme während meiner Reisen und aller Jahre im sogenannten Ausland, in denen ich gelegentlich nach Wien zurückkehrte, tatsächlich von dieser Tarnzahl über meiner Wohnungstür profitiert. Denn wäre zum Beispiel auf Visabescheinigungen für Tibet, Kambodscha oder das hocharktische Franz-Joseph-Land als Apartmentnummer 13 unter meiner Wiener Adresse zu lesen gewesen, hätten die Dämonen der bereisten Landstriche möglicherweise leichtes Spiel mit meinem Untergang gehabt.

Nun habe ich mich entschieden, *12a* Geschichten in den vorliegenden Band aufzunehmen, die allesamt aus einer dem breitgefächerten Formenreichtum des Erzählens gewidmeten *Weißen Reihe* stammen (die mittlerweile auf zwölf schmale Bände angewachsen ist). Ich habe diese offene Reihe 1997, dem Erscheinungsjahr ihres ersten Bandes, *Unterwegs nach Babylon – Spielformen des Erzählens* genannt.

Denn der Weg ins vielsprachige Babylon sollte andeutungsweise an die grenzenlose Vielfalt erinnern, in der Geschichten erzählt werden können – als Reden, als Dramen, Märchen und Bildergeschichten, als Tiraden, Balladen oder autobiographische Bekenntnisse … Und die aus aller logischen Folge springende Zahl *12a* soll hier für die Unmöglichkeit stehen, die Vielzahl der Erzählformen auch nur annähernd zu bestimmen, und soll jedem, der sich schreibend, lesend oder hörend ins Innere einer Geschichte aufmachen will, alle Freiheit zugestehen.

Nachdem diese Weiße Reihe weder abgeschlossen ist und schon gar nicht in einem Sammelband oder einer Taschenbuchausgabe zusammenfaßt – und auch die Leserschaft nicht gedrängt werden soll, einer Sammelempfehlung von Band zu Band zu folgen, stellt *Als ich noch unsterblich war* eine Auswahl jener Geschichten aus Babylon vor, die dem klassischen und populärsten Erzählton am nächsten kommen. Denn auch wenn sich in dieser Sammlung strophisch gegliederte, an Epen erinnernde Nachrichten etwa von einer *Entdeckung des Wesentlichen* finden, verweisen gerade ihre Strophen auf eine der Urformen allen Erzählens – den Gesang.

Im Sommer der Zusammenstellung dieses Bandes haben übrigens zwei Hafner, Vater und Sohn Alfred und Moritz

Spiessberger aus dem oberösterreichischen Salzkammergut, das hoch über dem Traunsee gelegene Haus meiner Frau Judith und mir mit einem weißen Turmkachelofen ausgestattet. Ich gestehe: nicht streng klimaneutral, aber einer jahrhundertealten lokalen Tradition entsprechend. Den weißen Turm sollte als eine Art Wappentier eine Keramikskulptur schmücken, ein Schabrackentapir, den der junge Hafner aus dem Feuer des Brennofens erscheinen ließ und damit einer Erinnerung an indonesische Routen meiner Reisen Gestalt verlieh. Das Resultat dieser Flammengeburt kam mir aber als bloßer Schmuck eines Ofens schließlich unterbesetzt vor, also ließ ich den Tapir mit gesenktem Kopf auf dem Steinboden unseres Hauses grasen und setzte das flammende Bild seiner Entstehung auf den Umschlag dieses Bandes. Denn ein Keramiker und Ofensetzer, der vor den blauen Mauern der Höhenzüge des Toten- und des Höllengebirges tief unter dem tatsächlichen Horizont weidende Tiere in lebensechte Skulpturen verwandelt und sich in einem Winter der Zukunft aufmachen will, die Weidegründe seiner Schöpfungen aufzusuchen, könnte der Held einer Geschichte sein, die nach dem Überspringen der Dreizehn die Zahl 14 trägt.

Eygalières / Provence, im Herbst 2023
CR

Als ich noch unsterblich war

Als ich noch unsterblich war ... und der Tod nur ein Rätsel, das stets die anderen betraf, aber weder mich noch meine Brüder, meine Schwester, meine Eltern, ja keinen einzigen meiner Nächsten und Liebsten, sondern immer nur die anderen – Nachbarn, Bauern, Handwerker meines Dorfes, die mit gefalteten, von Rosenkränzen umwundenen Händen und seltsam wächsernen Gesichtern in ihren offenen Särgen auf einem Katafalk der Friedhofskapelle aufgebahrt lagen.

Der Kirchenchor sang jedesmal *Näher mein Gott zu dir*, bevor die Wachsfiguren zu ihren Gräbern im Schatten der Kirche getragen wurden, lehmigen Gruben, die mir als Tunnels oder Stollen erschienen, die sowohl in die Abgründe des Himmels als auch in jene der Hölle führen konnten ...

Als ich noch unsterblich war und meine Tage als kindlicher Analphabet fern aller Stundenpläne und Schulordnungen in märchenhafte Spiele vertieft verbrachte, deren chaotische Regeln ich allein bestimmen durfte, wurden mir manchmal selbst die Mahlzeiten zum Spiel. Dann saß ich vor einem weißen, mit klarer Suppe gefüllten Porzellanteller mit brüchigem Goldrand und fischte mit meinem Löffel nach den vollgesogenen, in Strudeln dahinwirbelnden Elementen der Suppeneinlage – zierlichen Buchstaben aus Teig von der Größe einer Erbse oder einer Johannisbeere, die ich dann entlang des Tellerrandes zu halbkreisförmigen Kolonnen mit wechselnden Bedeutungen anordnete:

Einmal war mein vom Fett der Suppe wie lackierter Fang eine Tierkarawane, beispielsweise auf dem Weg zu den Fallreeps der Arche Noah – denn auch wenn ich noch lange nicht lesen konnte, wußte ich doch aus den Erzählungen einer Magd, die jeden Freitag gemeinsam mit meiner Mutter auf einem Rutschbrett kniend die Holzböden unserer Wohnung mit Reisbürste und Schmierseife schrubbte, daß die Welt, auch unser Dorf, alle Dörfer, schon einmal von einem wütenden, allmächtigen Gott mit einer ungeheuren Flut von allen Menschen reingewaschen und nur ein Mann namens Noah verschont worden war. Nur dieser Noah hatte einer himmlischen Warnung geglaubt und rechtzeitig eine Arche gebaut, mit der er sich und seine Frau und je ein Paar unschuldiger Tiere vor dem Untergang retten konnte.

Am Mittagstisch, an dem stets ein unsichtbarer Sohn dieses gefährlichen, alle Ströme und Meere beherrschenden Gottes neben mir saß – *O Herr Jesus, sei unser Gast und segne, was Du uns bescheret hast* –, konnte unter dem Eindruck der Sintfluterzählungen der Magd beispielsweise das aus meiner Buchstabensuppe gefischte

O zur Schildkröte werden oder zu einem Karpfen, das S zu einer Schlange, einem Aal, einer Eidechse, das W zum Schmetterling und das B zu einer Katze, die auf der Lauer saß ... Ein anderes Mal wiederum glänzte das in Schlachtordnung gereihte Teigalphabet als Reiterarmee in fettschimmernden Rüstungen oder als Horde heranjagender Indianer, deren Stammesführer, ein Q, einen blutigen Dolch im Gürtel trug. Auch in ein Elfenheer, das sich an der Goldrandküste eines unter meinen Löffelschlägen stürmisch gewordenen Meeres zum Kampf gegen anbrandende, in Teufelsquallen verzauberte Fettaugen formierte, hatte ich meine Teigsymbole gelegentlich verwandelt.

Meine Mutter, eine liebevolle, mit jahrhundertealten Märchen und Liedern vertraute Frau, die das ihrem Leben fehlende Glück nach schmerzlichen Enttäuschungen allein in der Erziehung ihrer vier Kinder suchte, duldete, ja förderte alle diese Verwandlungen, solange dabei ein Grundgesetz nicht verletzt wurde: Die Suppe sollte über allem Zauber nicht kalt werden. Sie brachte von jedem einmal monatlich unternommenen Großeinkauf im Dorfladen einen neuen, knisternden Zellophansack voll Teigbuchstaben mit, zwischen denen sich zu meiner Begeisterung manchmal auch noch die Larven von Lebensmittelmotten wanden, blinde, hilflose Würmchen, die inmitten zahlloser ungekochter Buchstaben ihre Verwandlung in geflügelte, von der Schwerkraft befreite Luftwesen erwarteten. Meine Mutter beließ mir lange Zeit jede Freiheit, das schwimmende, eßbare Alphabet als Symbolsammlung für alles zu nehmen, was mir gerade durch den Kopf huschte und ein W ebensogut zum gaukelnden Zitronenfalter wie auch zum dornenbewehrten Alien aus den Tiefen des Sternenhimmels erklären konnte.

Erst allmählich und Teigzeichen für Teigzeichen begann sie, mir wie ein kostbares, nur auserwählten Eingeweihten vorbehaltenes Geheimnis zu *verraten*, ja, zu verraten, daß ein O nicht bloß eine Schildkröte und ein S nicht bloß eine Schlange sein, sondern jedes einzelne, aus meinem goldenen Meer gefischte Zeichen eine Bedeutung haben konnte, die mir zunächst recht bescheiden erschien, dann aber weit, weit über den symbolischen Zauber hinausreichte: Offensichtlich konnte jeder, der über einen Schlüssel zum Verständnis dieses Geheimnisses verfügte, seinen vom Löffel auf den Porzellanstrand gekippten Fang nicht bloß zu Reiterkolonnen oder Elfenheeren formieren, sondern zu *Worten*, Namen, ja ganzen Sätzen! und so *alles*, was er in dieser Welt sah, was er hörte, dachte oder an Wünschen an ein weihnachtliches, Geschenke überbringendes Himmelskind oder eine Pralinen spendende Tante auflisten wollte, in Sprache, in Schrift verwandeln. Ein einziges, zu Buchstaben aus Teig oder Tinte geronnenes Wort vermochte die geheimsten Gedanken seines Schreibers nicht bloß über Suppenteller und Küchentische hinweg, über Gebirge, Meere und Kontinente tragen, sondern ihn über die Zeit erheben und noch lesbar bleiben, wenn er selber bereits seit Jahren oder Jahrhunderten wieder verstummt war.

Natürlich war meine Enttäuschung groß, als ich vor meinem Suppenteller auch lernen mußte, daß *Schrift* nicht bloß aus einem einzigen, sondern aus unzähligen Alphabeten bestand, von denen ich mit dem griechischen und kyrillischen sogar einige im Bücherregal meines Vaters entdecken sollte, auf dem die Abenteuer des Odysseus im Homerischen Original und die Helden Dostojewskis, Gogols, Turgenjews oder Tolstois in ihrer russischen Fassung noch lange – zumindest was das Original anbelangte – vergeblich auf mich warten mußten.

Aber ich lernte an meinem Porzellanstrand zumindest die Muttersprache lesen und schreiben, ordnete meinen Fang aus dem Suppenozean zu immer neuen Worten und empfand ein seltsam machtvolles Glück bei dem Gedanken, daß ich, was in manchen Märchenbüchern als endlose Wasserwüste abgebildet war oder sich unter Stürmen zu tosenden Wellengebirgen erhob und selbst die größten Inseln und Kontinente auf dem schartigen Globus der Dorfbibliothek wie Flöße erscheinen ließ, nun, als Eingeweihter in das Geheimnis der Schrift, mit vier aus Teig geformten Buchstaben in das Wort MEER verwandeln konnte. Was an die Küsten der wirklichen Welt brandete, mochte ganze Flotten tragen und Eisberge und schäumende Züge von Walen, Delphinen und fliegenden Fischen beherbergen und war doch, sprach oder schrieb man von diesem Wasserreich, mit nur vier Buchstaben in ein kurzes, noch auf einem Fingernagel Platz findendes Wort zu bannen … Und für den Zauber dieser Metamorphose bedurfte es nicht mehr als jener Kräfte, die jeder Mensch in sich selber trug und die in seinem Kopf nur darauf warteten, eingesetzt zu werden und die Welt und alles, was noch unausgesprochen war, zur Sprache zu bringen.

Wenn ich meine Lettern auf dem Tellerrand gelegentlich zu einem Satz wie ICH BIN NICHT HUNGRIG auslegte, dann hätte ich, sagte meine Mutter, meine erste Lehrerin, bloß ein weiteres Beispiel dafür erbracht, daß die bisher größte, allergrößte Erfindung der Menschheit nicht das Rad, nicht die Rakete oder gar das Schießpulver gewesen sei, sondern die Erfindung der Schrift.

Daß man im Wort *Meer* nicht ertrinken, in das Wort *Abgrund* nicht fallen und im Wort *Packeis* nicht erfrieren konnte, schenkte dem Zauber der Verwandlung von etwas in Sprache etwas seltsam Friedliches, so, als ob man sich mit Büchern und anderen Schriften besser als mit jedem Unverwundbarkeit oder Unsichtbarkeit schenkenden Zauber wappnen und bereitmachen konnte, aus dem Inneren von Märchen und Erzählungen hinauszutreten in die donnernde, anrollende Welt und dort zu jagen, zu lieben, Städte zu bauen – oder Krieg zu führen. Denn Worte waren, auch das lernte ich am Porzellanstrand, Worte waren wie die Menschen, die sie aussprachen, schrieben oder lasen – nicht nur gut; sie konnten sein wie Luzifer, der Lichtbringer, der aus dem Himmel in die Finsternis gestürzt und vom Engel zum Satan geworden war.

Je länger ich saß und dabei manchmal die Suppe doch kalt werden ließ und mit meinem Tagesfang spielte, desto weiter jagten die Grenzen des Reiches der Sprache in alle Himmelsrichtungen davon und ließen, was mit einer Handvoll Buchstaben zu erreichen war, grenzenlos erscheinen. Als ich erfuhr, daß es eine Sprache gab, das Griechische, in der mein eigener Vorname *Christusträger* bedeutete, war ich nicht etwa stolz, sondern besorgt, daß auch dieser Name sich im rasenden Wandel der Bedeutungen wie Luzifers Name in sein Gegenteil wenden und irgendwann *Teufelsträger* heißen und mir ein Höllenwesen mit Glutaugen und hängender Zunge auf die Schultern setzen würde. Aber meine Mutter sagte: Es liegt an dir. Du hast mit einem Löffel voll Buchstaben dein Leben, die Welt in der Hand.

Als meine Mutter, meine erste Lehrerin, kaum sechzigjährig, an einem heißen Augusttag starb, zart und zerbrechlich zwischen riesigen Kissen und gezeichnet von den Qualen und Metastasen einer wütenden Krankheit – und ich an ihrem Bett verzweifelt um Worte rang, mit denen ich eine Brücke zu der schon beinah Entschwundenen schlagen wollte, öffnete sie plötzlich die Augen, hob langsam, zu Tode erschöpft, ihre Hand und legte ihren Zeigefinger wortlos auf ihre weißen Lippen: *Still.* Still. Sei still. Magst ruhig sein. Und beließ, als sie die Augen wieder schloß, dieses Zeichen auf ihrem Mund, als ob sie in einem letzten Traum noch einmal an unseren Porzellanstrand zurückkehren und dort ihren vom Wirbel der Buchstaben betörten Schüler daran erinnern wollte, daß bei aller Kostbarkeit und allem Glanz des Zaubers der Verwandlung von etwas in Sprache, in Schrift, der ungeheuerliche und unfaßbare, in den Abgründen eines grenzenlosen Raumes verlorene Rest doch – Schweigen war.

Am See von Phoksundo

An einem eisigen Februartag, es war der Neujahrstag der Tibeter, fiel ich am See von Phoksundo aus der Zeit. Das tagelange Schneetreiben hatte endlich aufgehört, der Wind hatte sich gedreht, war aber kaum schwächer geworden, als ich das fast viertausend Meter über dem Meer im westlichen Himalaya gelegene Seeufer in der verwehenden Spur eines Freundes erreichte. Wir durchwanderten damals das Niemandsland zwischen Tibet und Nepal auf der Suche nach Klöstern und Einsiedeleien der vorbuddhistischen Bon-Religion und fanden seit Tagen in den Hütten und Höhlen des Stammeskönigtums Dolpo Schutz vor dem Schnee. Aus den Tälern ringsum drang immer wieder das Donnern von Lawinen.

Die Neujahrsnacht hatten wir in einem Winterlager von Halbnomaden verbracht, die in rußigen Steinhütten darauf warteten, daß der Frühling die Pässe freigeben und ihnen erlauben würde, mit ihren Yaks zu den großen Salzseen und Weiden Tibets weiterzuziehen. Wir wollten nicht warten. Wir hatten keine Karawane schwerbeladener Yaks zu führen, keinen Hausrat und keine schwarzen Wollzelte durch das Gebirge zu schleppen, sondern nur unsere Rucksäcke. Einen Tagesmarsch vor uns, irgendwo in den Schneewolken, sollte der See von Phoksundo liegen und an seinem Ufer ein Dorf, auch ein Kloster: bewohnt? oder verlassen? wie die meisten hochgelegenen Siedlungen um diese Jahreszeit – das wußten auch unsere Gastgeber nicht. Als am Vormittag hoch über den jagenden Wolken ein sonnenbeschienener Gletscher wie ein schwebender Eisberg erschien, verließen wir das Lager und machten uns auf den Weg.

Der Schnee in den Höhen des Sees von Phoksundo lag so tief, daß wir bis über die Knie, manchmal bis an die Hüften darin versanken. Solange kein Hindernis gemeinsame Anstrengungen erfordert oder in vereisten Felspassagen einer den anderen am Seil sichern muß, geht, stapft, steigt auf solchen Wegen jeder seinen Kräften gemäß und ist daher oft allein.

Mein Freund war nach einer Stunde außer Sichtweite, erschien gelegentlich als kleiner werdende Gestalt hoch in den Steilhängen wieder, verschwand in den Wolken. Wenn ich innehielt, um Atem zu schöpfen, sah ich die Serpentinen unserer Spur, die sich in der Tiefe und in den Wolken verloren; aus dem heller, ja blau werdenden Himmel lösten sich nur noch vereinzelte Schneeschauer. Die Fetzen einer zerreißenden Schlechtwetterfront trieben über meinem Kopf und zu meinen Füßen dahin.

Es war während einer dieser Atempausen, als ich in einem Wolkenfenster den Mann bemerkte, der uns folgte.

Er kümmerte sich nicht um unsere Spur, sondern stieg in der Fallinie hoch. Ich erkannte ihn an seinem Fellmantel und an dem roten Schal, den er wie einen Turban in sein langes Haar gewunden trug: Es war unser Gastgeber der vergangenen Nacht. Er winkte mir zu, rief einen Gruß, kam näher, blieb dann aber in einigem Abstand stehen und setzte sich erst wieder in Bewegung, als auch ich weiterging. Wollte er in die Höhe? Zum See? Ohne Gepäck? Ohne Tragtier? Er ging uns nach, ging aber offensichtlich lieber allein. Um uns den Weg zu zeigen? Uns zu warnen? Wenn ich stehenblieb und auf ihn warten wollte, blieb auch er stehen und winkte mir zu. Was immer seine Absichten waren, ich verstand sie nicht.

Schon unsere Tauschgeschäfte am Morgen waren langwierig gewesen. Yakbutter hatten wir an seinem Feuer getauscht, Dörrfleisch, geröstete Gerste und Tee gegen ein Taschenmesser und ein Paar Handschuhe und hatten dann in einer kleinen, blinden Glasflasche trüben Reisschnaps als Geschenk angenommen, einen Trunk, an dem wir uns entgegen seinen drängenden Aufforderungen nicht schon vor dem Aufbruch, sondern erst am Ziel wärmen wollten. Ich trug die Flasche in ein Hemd eingeschlagen in meinem Rucksack.

Die Spur meines Freundes führte am Fuß einer mit den Glasschleiern gefrorener Wasserfälle verhängten Felswand immer steiler nach oben und endlich zum Eingang eines flacheren, von Tränenkiefern bewachsenen Hochtales, das zwischen ragenden Bergkämmen wie zwischen Staumauern lag. Unter einem der Bäume, die schwer an ihrer Schneelast trugen, hielt ich Rast. Erst jetzt setzte sich auch mein bisher unnahbarer Begleiter zu mir in den Schnee, nahm eine Handvoll getrockneter Früchte und ein Stück Dörrfleisch an, lachte, forderte mich wieder zum Trinken auf, indem er die Form des blinden Glasfläschchens in die Luft zeichnete, und trank dann aber nur Yakbuttertee aus meiner Stahlflasche und keinen einzigen Schluck Reisschnaps. Als ich weiterging, kam er nach und fiel in den alten Abstand zurück. So blieb jeder für sich.

Wie still und verheißungsvoll und immer noch fern der See von Phoksundo nach Stunden endlich im Talschluß erschien. Ein schwarzgrüner Spiegel, der das Bild von Wolken und verschneiten Gebirgszügen in einen schon abendlichen Himmel zurückwarf und nur eine Gruppe blutroter Häuser an scinem Ufer behielt, mit Gebetsfahnen geschmückte Pagodendächer, über denen noch leichtere, noch schönere Fahnen wehten: Rauch! Dorf und Kloster von Phoksundo waren bewohnt!

Gewiß, das Ufer lag unter Schneewehen, und in den Buchten trieben Eisrinden, aber wer lange durch ein winterliches Hochgebirge gegangen ist, der sieht mehr, als er sieht. Der verwandelt dürres, gefrorenes Strauchwerk in Rosen und freut sich auf eine Zuflucht, auch wenn sie rußgeschwärzt ist, freut sich auf die Gesellschaft von Menschen, ein Feuer, Schutz vor der Nacht. Mein Fernglas zeigte mir Rauchfahnen über jedem Gebäude am See.

Es sollte noch fast eine Stunde dauern, bis ich die Uferhügel endlich erreichte. Aber die ersten Häuser, an die ich kam, waren die Häuser von Toten – Reliquienschreine, Tschorten, die nur die Asche verbrannter Heiliger und Mönche – den Staub der Seelenwanderung – bewahrten. Wie Zeltschnüre waren von den Kegeldächern dieser Steinbauten lange Wimpelgirlanden ins Eis gespannt, Hunderte, mit Gebeten und den Namen des Ziels und Endes aller Welt beschriebene Fähnchen, die hartgefroren im Wind schlugen.

Und dann die Rauchfahnen über den Flachdächern des Dorfes: Es war Schnee. Rieselnder, kristallfeiner Schnee, der in Schleiern von den Dächern wehte wie Rauch. Die Häuser waren kalt und verschlossen. Keine Menschen. Keine Zuflucht. Das Dorf war verlassen.

Vor diesem enttäuschenden Anblick holte mein Begleiter mich endlich und wie zum Trost ein, zog mich am Ärmel und wies lächelnd auf einen Tschorten, der auf einer kahlen Hügelkuppe stand. Dort entdeckte ich meinen Freund damit beschäftigt, das Totenhaus zu vermessen und zu zeichnen. Er war erleichtert, mich endlich zu sehen. Noch eine Stunde, und er hätte sich auf die Suche nach mir gemacht. Die Nacht würde klar und kälter werden als die vergangene.

Zu dritt saßen wir dann um ein Feuer in einem hallenden Raum, in dem eine Gebetsmühle, die von Pilgern und Mönchen bis in alle Ewigkeit gedreht werden sollte, stillstand. Ein abgegriffenes Wörterbuch und einige Brocken Tibetisch, die mein Freund verstehen konnte, halfen uns, hier allmählich zu begreifen, warum uns unser Gastgeber durch den Tiefschnee ins Hochgebirge nachgegangen war: Die Glasflasche!, er wollte seine Flasche zurück. Es war das einzige Gefäß aus Glas, das er besaß. Den Reisschnaps, sein Geschenk, sollten wir trinken, er wollte keinen einzigen Schluck davon, aber das blinde Fläschchen mußte zurück in sein Haus.

Als wir endlich verstanden, was dieser Mann von uns wollte, das Fläschchen mit einigen Zügen leerten und in seine Hände zurücklegten und ihm doch mehr geben wollten als nur ein Stück blindes Glas, ein Geschenk, und unsere Rucksäcke durchwühlten, kam uns ein Schirm in die Hände, einer von jenen chinesischen Nylonschirmen, wie sie Rucksackträger verwenden, die auf dem Anmarsch zu den großen Bergen des Himalaya im Regen und Schnee der Monsunzeit einigermaßen trocken bleiben und nicht in einen Mantel gehüllt auch noch schweißnaß werden wollen. Diesen Schirm schenkten wir unserem Begleiter.

Ich habe selten einen so überraschten, ungläubigen und schließlich glücklichen Ausdruck auf dem Gesicht eines Menschen gesehen. Strahlend nahm er den Schirm entgegen und verneigte sich. Obwohl von der Sonne nur noch ein roter Widerschein über den Bergkämmen zu sehen war, hielt es den Beschenkten dann nicht mehr länger. Er wollte zurück in die Tiefe, nach Hause; lief aus dem hallenden Raum ins Freie, spannte den Schirm dort auf und hielt ihn mit ausgestrecktem Arm wie triumphierend hoch über den Kopf. Die leere Flasche in der einen Hand, in der anderen den Schirm, sprang, ja tanzte er dann in seiner eigenen Spur aus der Verlassenheit zu den Seinen zurück. Und als ob dieser Schirm, filigrane Zuflucht und kleinstes Dach eines Menschen auf seinem

Weg, seinen Zweck und Sinn erst in diesem Augenblick aus den Abendwolken herabbeschworen hätte, begann es, aus einem heiteren, im Süden schon sternklaren Himmel wieder zu schneien.

Der Sänger

Ich erinnere mich an einen Mann, der am Ende einer lauten Beschimpfung des Meeres und aller Plagen der Fischerei auch noch seinen Kühlschrank verfluchte und plötzlich begann, seine Klagen und Flüche zu *singen*!

Eben hatte er noch schimpfend an der Theke eines muffigen Pubs an der Straße zum Healy Paß in der irischen Grafschaft Cork gestanden und mit seinen Stiefelabsätzen den Takt seiner Flüche in den mit Sägemehl bestreuten Boden gestampft – als er sich unvermutet vom Tresen abstieß, einen Schritt zurücktrat, von nun an nur noch gelegentlich den Arm ausstreckte, um den Schanktisch mit den Fingerspitzen kurz zu berühren, als wollte er durch den flüchtigen Kontakt mit dem massiven Teakholz seine alte Standfestigkeit wiederherstellen – und sang:

Sang Strophen von einem vergeblich gegen die Wärme der späten Herbsttage anbrummenden Kühlaggregat …, von einem durchgeschmorten Kontakt und dem damit verbundenen Kurzschluß, von einer Schmelzwasserpfütze, in der er diesen verfluchten *fridge* bei der Rückkehr von einem Fischzug in den Fanggründen westlich von Fastnet vorgefunden hatte …, von Schimmelpilzen in der Gemüselade, Tauwasser selbst im Tiefkühlfach!, von einem verdorbenen, in einer schalen Brühe liegenden Steinbutt und schwärzlich angelaufenen Kirschtomaten …

Ich war damals seit Tagen auf den Küstenstraßen von Cork und Kerry unterwegs, weil mir meine Wohnung am Leopardstown Grove im Dubliner Vorort Blackrock zu finster, zu eng geworden war und ich im Südwesten Irlands nach einem aussichtsreicheren Quartier suchen wollte. Ein plötzlicher Heißhunger, der mich auf langen Autofahrten manchmal überfällt und dann selbst vor klebrigen Snacks aus den Lebensmittelregalen von Tankstellen nicht zurückschrecken läßt, hatte mich gezwungen, dem Schaufensterschild OPEN wie ein Schlafwandler zu folgen

Drei Männer, einer hinter der Theke, zwei davor, nahmen kaum von meiner Ankunft Notiz, sondern blieben versunken in das, womit sie beschäftigt waren: der eine in das Polieren einer Batterie von Zapfhähnen, der andere in den Anblick einer fast leeren Pint Murphy's, der dritte in einen stockenden, gegen den Spiegel hinter der Bar und eine Parade von Flaschen gesprochenen Monolog, in dem er die Wundergläubigkeit seiner Frau beklagte, die mit einem Bus voll Wallfahrern nach Lourdes unterwegs war … Zweitausend Meilen! fuhr diese Kuh durch Irland, England und Frankreich in der Hoffnung auf ein Wunder, das der ältesten Tochter, die in Killarney im

Rollstuhl saß, wieder auf die Beine helfen sollte ... Die Gottesmutter anbetteln, aber das Haus verludern lassen, während ihr Mann auf einem Kutter dem Kabeljau bis nach Amerika nachschwamm, um dann in ein leeres, kaltes Haus zurückzukommen, in dem Tauwasserpfützen standen ...

Obwohl ich vieles von dem, was der Kläger im rollenden Dialekt West Corks vortrug, nicht verstehen konnte, war ich wohl der einzige, der ihm zuhörte, denn weder der Barkeeper noch der in den Anblick seiner Pint versunkene Gast hoben auch nur den Kopf, als sich die Klage – während ich darauf wartete, daß meine vom Keeper durch ein Loch in der Mauer gebrüllte Bestellung die Form eines mit Krebsfleisch belegten Sandwiches annahm – in einen an- und abschwellenden Gesang verwandelte ...

Na gut: Da sang einer; sang von einem Kühlschrank und einer Wallfahrt, von seiner wundergläubigen Frau, einer Tochter im Rollstuhl, von Tauwasserpfützen und einer durchgebrannten Sicherung ... Waren wir denn nicht alle von Musik, selbst wenn sie nur aus einer Singstimme bestand, leichter zu rühren als von einem gesprochenen oder gelesenen Wort? Und war es dann nicht selbstverständlich, wenn einer seine Bewegung, seinen Zorn, seine Lust oder Trauer nicht bloß aussprach, sondern sang?

Durch die manchmal flüsternde, manchmal leiernde, dann wieder empörte Stimme des Sängers am wörtlichen Verständnis seiner Strophen zusätzlich gehindert, begann ich, seiner Ballade doch auf einer anderen, nicht weniger eindringlichen Ebene zu folgen, ja begann, zuerst recht verhalten, dann immer lauter, den Takt mit den Knöcheln meiner Fäuste auf der Theke zu klopfen.

Ich gebe zu: Ich mag Balladen, Songs, Strophen – nicht allein die tatsächlich vorgetragenen, gesungenen, auf Instrumenten begleiteten, sondern mag sogar ihren schriftlichen Niederschlag in Form jener flatternden, aus ungleich langen Zeilen bestehenden Absätze, als die sie uns beispielsweise im Druck und auf Buchseiten erscheinen.

Mir war die Bereitschaft immer ein bißchen unheimlich, mit der sowohl Schreiber als auch Leser manchmal an eine Art Deckungsgleichheit zwischen Wort und Wirklichkeit glauben wollen: Als ob beispielsweise zwischen dem Wort *Meer* und dem, worauf der Held einer Geschichte nach Westen segelt oder worin ein anderer schwimmend gegen das Ertrinken kämpft und schließlich doch untergeht, kein ungeheuerlicher Unterschied bestünde! Selbst ein Erzähler, der sich der Umgangssprache, eines Dialektes oder Slangs bedient, um der Wirklichkeit so nahe wie möglich zu kommen, wird schließlich nicht leugnen, daß ein Wort zwar vieles, sehr vieles tragen kann, aber kein Schiff.

Selten kommt die Sprache der Musik näher als in den Strophen einer Ballade, eines Gedichts. Eine Strophe verbindet noch die verstreutesten Teile einer Erzählung und erinnert uns sanft: Es gab Zeiten, da mußte ausschließlich im Vertrauen auf die Aufmerksamkeit von Zuhörern und ohne Schriften und ihre Bilder erzählt und eine Geschichte allein im Gedächtnis und in der mündlichen

Überlieferung bewahrt werden. Der Analphabetismus, heißt es, sei ja auch in neuesten Gesellschaften weitverbreitet und – global betrachtet – immer noch ein durch Armut erzwungenes oder durch Reichtum und Trägheit freiwillig in Kauf genommenes Unvermögen des allergrößten Teiles der Menschheit.

Lange bevor ich selber schreiben und lesen lernte, haben mich beispielsweise Geschichten von Brüdern gebannt, genaugenommen seit den Tagen, in denen ich den Pfarrer meines Heimatdorfes von der Erschaffung der Welt, von der Vertreibung aus dem Paradies – und gleich darauf von Kain und Abel habe erzählen hören. Seither wurde mir in Märchen, erfundenen oder dokumentierten Geschichten wieder und wieder vorgeführt, daß sich das Schicksal ganzer Gesellschaften und Reiche oft an der Frage entschied, ob wir zu Hütern oder zu Feinden unserer Brüder wurden.

Weil einem uralten Thema eine uralte Form wohl ansteht, war ich eine Zeitlang sogar versucht, nicht bloß auf die Strophe, sondern auf noch ältere, schriftlose Formen zurückzugreifen und es den Märchenerzählern unter den Berbern des Hohen Atlas nachzutun, die auf dem *Djemaa el Fna*, dem *Platz der Gehenkten*, in der marokkanischen Königsstadt Marrakesch, auf dem einst die Schädel der Enthaupteten zur Schau gestellt wurden, ihre Geschichten anbieten und dazu keiner anderen Mittel bedürfen als einer Stimme und eines Ohrs.

Ich habe mir nie eingebildet, als Erzähler einer für alle zu sein, war aber dankbar, wenn ein gelangweilter oder unzufriedener Zuhörer sich nicht laut protestierend verabschiedete, sondern wie auf dem *Djemaa el Fna* einfach weiterging, weiter zum nächsten der vielen Kreise, die sich dort um die angebotenen Märchen in der Hoffnung bilden, daß auf dem Platz der Gehenkten jeder, Zuhörer *und* Erzähler, eine Stimme und ein Ohr finden kann.

Aber was sage ich: Der Sänger im Pub an der Straße zum Healy Paß machte sich am Ende seiner Geschichte keinerlei Sorgen – weder um Verständnis und Unverständnis noch um seinen einzigen Zuhörer, sondern ging entschlossen, ja mit an einen Tanz erinnernden Schritten zur Tür und trat mit einem *Good luck!*, dem über die Schulter zurückgesungenen Gruß West Corks, wieder ins Freie.

The Last Picture Show

Ein Nordostmonsun wie er seit sieben Jahren – Fischer an der Arugam Bay behaupteten: seit zehn! – nicht mehr gewütet hatte, verwüstete im Dezember und Januar des Jahres 1994 das nördliche Hochland und weite Küstenstriche im Osten Sri Lankas. Wolkenbrüche, Sturmfluten, Dammbrüche: In den letzten Tagen des alten Jahres berichtete die *Daily News* in Colombo von mehr als 70000 Obdachlosen und 22 geborstenen Dämmen, darunter auch einige jahrhundertealte Deiche der künstlichen Seen singhalesischer Könige. Viele Tote, hieß es, würden noch im Schlamm begraben liegen.

Das Rauschen des Regens war in diesen Tagen allgegenwärtig. Flamingos standen in rosafarbenen Paraden auf überfluteten Straßen, Schlangen suchten Zuflucht in den Häusern, und wenn der Regen für Stunden nachließ und eine fahle Sonne in Wolkengebirgen erschien, lagen Krokodile wie gestrandete Einbäume auf Dammkronen, die der Flut bisher standgehalten hatten. Unter Betten und Hängematten rannten Ameisenprozessionen in wirren Strömen dahin, um zu retten, was zu retten war. In den Schränken begannen Kleider, Schuhe und Bücher zu schimmeln.

Ich reiste damals mit Freunden die Ostküste der Insel entlang, oft in Sichtweite einer ungeheuren Brandung und immer in Sichtweite des Krieges zwischen tamilischen Separatisten, den *Tamil Tigers*, und der singhalesischen Armee: Triefende Soldaten erwarteten uns in Kampfanzügen an unzähligen Checkpoints, vor denen wir gelegentlich mit erhobenen Armen im Regen standen. Triefende Horden von Hulman-Affen, Inkarnationen des Gottes Hanuman, schienen uns aus den Kronen der Bäume zu verfluchen. Vielen Buddhastatuen entlang unserer Route hatten hinduistische Tamilen Köpfe und Arme abgeschlagen, und in einem ausgebrannten Schützenpanzer am Straßenrand kreischten zornige Vögel.

450 Kokospalmen brauche ein Mann, um seine Familie zu ernähren, sagte ein Lastwagenfahrer, der Liyangolla noch vor dem Beginn der nächtlichen Ausgangssperren erreichen wollte. Wir sahen Hunderte Palmen, unter der Wucht von Granateinschlägen geknickt, verkohlte, gekrümmte Baumstümpfe wie Krallen im Brandungsstaub des Indischen Ozeans. Ein Teehändler aus Colombo hatte uns Wegskizzen, Warnungen und drei Telefonnummern von Vertrauten mit auf den Weg gegeben. Seine Vertrauten konnten uns hier helfen, unterhielten sie doch Kontakte sowohl zu den Tigers als auch zu Offizieren der Armee. Aber als wir unser Ziel, das Gebiet des Lahugala Sees und die Sümpfe im Hinterland der Arugam

Bay, erreichten, war nach nächtlichen Gefechten im Umkreis von sechzig Kilometern kein einziges Telefon mehr funktionsfähig. Die verschlammten Straßen zwischen Lahugala, Kitulana, Pottuvil und einigen im Raketenfeuer verbrannten Tamilendörfern an der Ostküste wurden mit Einbruch der Dämmerung gesperrt und bei Sonnenaufgang nach Landminen abgesucht.

Die Armee herrschte am Tag, in der Nacht die Angst vor den Tigers. Obwohl sich die tamilischen Rebellen vor der Übermacht des Staates in die Dschungelgebiete von Yala zurückzuziehen begannen, hörten wir Nacht für Nacht Schüsse: Aber diese Salven gehörten nur zum großen, mit Gewehren, Trommeln, Rasseln und Steinen erzeugten Lärm, mit dem Reisbauern eine weitverstreute Herde von mehr als zweihundert wilden Elefanten von Feldern und Kokoshainen fernzuhalten suchten. Die Elefanten schienen den Tigers in die Dschungel von Yala zu folgen und zertrampelten auf ihrem Weg Felder, Hütten und Menschen. Am 24. Dezember berichtete die Daily News von drei Toten, am 28. von einer Kollision zwischen einem Elefantenbullen und einem mit Landarbeitern besetzten Zug, der nach dem Zusammenstoß entgleiste. In den Nächten flackerten die Reisfelder im Widerschein großer *Elefantenfeuer*, die auf turmhohen Plattformen zur Abschreckung entfacht wurden.

In den Dörfern der Tamilen aber blieb die Angst vor der Feuerkraft der Armee größer als die Angst vor Elefanten oder der Flut. 36 Häuser an der Arugam Bay waren nach einem Raketenangriff in Flammen aufgegangen, darunter auch das Haus von Naagus, dem Koch eines nun ausgebrannten Guest House. Naagus kannte die Wellenhöhen jeder Bucht an der Ostküste in Fuß und Metern und hatte seinen Gästen in Friedenszeiten gezeigt, wie ein Mensch auf den größten Brechern mit seinem bloßen Körper, ohne Surfbrett und andere Hilfen, reiten konnte. Er schlief nun mit seiner Familie unter mit Palmwedeln und Tüchern verhängten Tischen des Guest House, auf die der Regen trommelte. Wenn er am Morgen mit einem Wasserbüffelgespann an entlegene Strände fuhr, um feinsten Sand für ein neues Haus zu holen, bezahlte er manchmal an die Armee, manchmal an die Tigers Wegegeld.

Es war in einem schlammüberfluteten Wald von Banyanbäumen auf einer von Naagus' Routen zum Meer, in dem wir an einem Januarmorgen einem buddhistischen Mönch begegneten, der in einem Korb zersplitterte Äste, verfaulte Blätter und den Kot von Fliegenden Hunden sammelte, die in den Baumkronen wie übergroße Fledermäuse hängend schliefen. Mit welcher bedächtigen Hingabe der Mönch den wüsten Schlammboden säuberte. Hier habe ein Tempel gestanden, sagte er, der in den Unwettern der vergangenen Tage versunken sei. Aber selbst dieser fünfzehn Fuß hoch liegende Schlamm und aller Schutt hier seien so heilig wie der zerstörte Tempel selbst. In Zeiten wie diesen könnten eben nur Überreste und Ruinen die Erinnerung an das wachhalten, was einmal groß und herrlich war. So viele Ruinen ragten nun aus dem Land. Ob wir das zerschossene Kino von Pottuvil gesehen hätten?

Das Kino … Wenn ihm der Besitzer die fünf Rupien

Eintritt erlassen habe, sei er früher gerne in dieses Kino gegangen. Auch während der allerletzten Vorstellung sei er dagewesen. In der Nacht der Raketen. Von einer Sekunde auf die andere überall Feuer, überall Licht, blendendes Licht. Nur die Leinwand plötzlich dunkel.

Gewiß, wir hatten auf unserem Weg an die Küste auch das Kino von Pottuvil gesehen. Eine Brandruine ohne Dach. Fenster und Türen geborsten, in zersplitterten Schaukästen von Feuchtigkeitsflecken übersäte, rußige Szenenfotos aus indischen Filmen: ein Liebespaar in einem hängenden Garten. Ein großer Mond. Kämpfer in funkelnden Harnischen und ein Elefant, so reich geschmückt wie jener Bulle, der alljährlich die heiligste Reliquie des alten Ceylon, einen Zahn Buddhas, in einer großen Elefantenprozession um den Dalada Maligava Tempel in Kandy tragen durfte. Wir hatten auch die verkohlten Klappstuhlreihen dieses Kinos gesehen und dazwischen Wasserbüffel, mächtige, triefende Tiere, die in diesem Stall ohne Dach zwar keinen Schutz vor den Wolkenbrüchen, aber wenigstens vor dem Wind fanden. Wo einmal die Leinwand gewesen sein mußte, wucherten nun Würgefeigen, Lianen und Moos.

Ein Tempel …, ein Kino, sagte der Mönch und nahm seinen Korb wieder auf, im einen wie im anderen verlasse doch ein andächtiger Besucher seine Welt, seine Gegenwart, und suche Zuflucht vor der brennenden Wirklichkeit. Wer weiß, vielleicht werde das Kino von Pottuvil, in dem sich nun Wasserbüffel aneinanderdrängten, eher wiedererstehen als sein versunkenes Heiligtum. Was sei schließlich schöner und leichter als ein Theater, dessen

Helden, Krieger, Heilige und Könige, ja sogar Sturmfluten und Elefanten aus Licht! bestünden, aus nichts anderem als Licht.

Strahlender Untergang

I
Nachrichten aus dem Tanezrouft
Fragment eines Fernschreibens

Innerhalb einer Woche habe sich bei Adrar,
so berichtete einer der Lastwagenfahrer weiter,
eine Kolonne wüstentauglicher
Bau- und Transportfahrzeuge
von größtem Fassungsvermögen formiert:
Achtundvierzig *caterpillars*
und sicherlich das Doppelte an *camions*.
Eingehüllt in eine kilometerlange, ungeheure Wolke
aus Sand und Staub
habe sich die Kolonne schließlich in Richtung
Bordj Moktar
in Bewegung gesetzt,
habe den Wendekreis des Krebses passiert
und sei nach zwölf Tagen,
im Gebiet der alten Karawanenstraße nach Taoudenni
und sozusagen im glosenden Zentrum des Tanezrouft,
der *Wüste der Wüsten*,
zum planmäßigen Stillstand gekommen.

Diese Gegend,
setzte der Lastwagenfahrer fort,
sei vormals nur unter dem Zwang größter Not,
des dringenden Warenbedarfs oder aber des Irrsinns
durchquert worden.
Im Jahre 1809, ein bemerkenswertes Beispiel für die
Unwirtlichkeit dieser Geröll- und Sandlandschaft,
habe man hier die teils verwesten,
teils mumifizierten Überreste von zweitausend Mann
und eintausendachthundert Kamelen gefunden –
Schlußbild einer großartigen Karawane,
die sich vergeblich um den Transport der Salzplatten
von Taoudenni nach den Märkten des Nordens
bemüht hatte.
Aber groß sei Allah.

Hier, an der mit dem Lineal gezogenen Grenze
zwischen der algerischen und der Sahara von Mali,
habe die Kolonne in unsäglichen,
geradezu kochenden
und von stetem Flugsand durchzogenen Monaten
die räumlichen Voraussetzungen für
Das Projekt geschaffen:
Eine zweitausenddreihundertköpfige Arbeiterschaft
habe, so der Lastwagenfahrer,
mit dem in Schichten organisierten
Einsatz ihrer Maschinen
eine Wüstenfläche von etwa siebzig Quadratkilometer
in eine nahezu geometrische Ebene verwandelt.
Abtragungen, Aufschüttungen,

Geröllentfernung,
auch Sprengungen.

Nach dem Abschluß dieser Arbeiten
sei das gesamte Areal
mit einer knapp vier Meter hohen,
vernieteten
und von Verstrebungen gestützten
Aluminiumwand umschlossen
und damit
ohne den geringsten Durchlaß
von der restlichen Ausdehnung des Tanezrouft
und der Wüste überhaupt
abgeschlossen worden.

Nach der Entlassung und dem Abzug
der Arbeiterschaft
und dem unverzüglichen Rücktransport
allen Geräts
über Adrar, Beni-Abbes und Bechar
nach Oran und Algier
sei ein vielleicht vierzigjähriger Mann,
weiß,
Europäer vermutlich,
mit einem aus Aïn Salah anfliegenden Helikopter
in das nun völlig unzugängliche
und menschenleere Areal gebracht
und dort allein zurückgelassen worden.

Nach dieser *Aussetzung*,
die unter wissenschaftlicher Aufsicht erfolgt sei,
habe niemand mehr das Gelände betreten.
Von weiteren Anstrengungen sowie über
die genauere Bedeutung dieser Vorgänge im Tanezrouft
sei ihm, so schloß der Lastwagenfahrer,
außer der zur Ermunterung der Arbeiterschaft
immer wieder vorgebrachten Mahnung,
jeder Handgriff diene dem Projekt und so der Zukunft,
nichts bekannt.

II
Lob des Projekts
Rede vor einer akademischen Delegation in der Oase Bordj Moktar

Geehrte Herren!

Ich höre das Knattern der Wimpel über Ihren Zelten,
das Prasseln des Flugsandes
auf den straffen Bahnen Ihrer Sonnensegel
und das Stakkato des Störgeräusches
aus den Empfängern Ihrer Funkgeräte …
Aber im gleichmäßigen Lärm Ihrer Anwesenheit
höre ich Sie auch sagen: Was für ein Unfug!
Was für ein Unfug,
in der siedenden, flimmernden Leere
einer umzäunten Ebene
einen *Probanden* auszusetzen
und ihn
ohne Beistand und Überlebensmittel
seinem raschen Untergang zu überlassen;
und dies,
höre ich Sie mit erhobener Stimme sagen,
und dies ohne jede Beobachtungsstation!

Ohne Aufzeichnung und Meßwert!
Geehrte Herren, ich kenne Ihre Einwände;
aber bedenken Sie,
daß jenes Gelände,
das Sie im Verlauf mehrerer Tage
prüfend und zweifelnd,
stets um ein Urteil bemüht, umfahren haben –
daß dieses *Terrarium*,
dessen Errichtung wir der Einsicht und Hilfe
höchster Behörden verdanken,
zu den Schauplätzen einer
Neuen Wissenschaft gehört;
eine Wissenschaft, geehrte Herren,
die sich gewandelt hat:
Sie hat Verzicht geleistet
auf die Verzauberung dieser und aller
umliegenden Welten
in eine unübersehbare Ansammlung
von Gegenständen der Beobachtung,
der Definition,
der Nachahmung,
Beherrschung
und Manipulation;
eine Wissenschaft,
die sich wieder dem Wesentlichen
zugewandt hat –
der Wüste und dem Verschwinden.

Geehrte Herren,
Sie mögen sich nun einander zuneigen

und Geringschätzungen austauschen,
aber ich bitte Sie zu bedenken,
daß die Zukunft auch der
belebtesten Landschaft
Wüste
heißt;
die Zukunft
auch der schroffsten Erhebung
Ebene
und die Zukunft
selbst der bizarrsten Existenzen
der Kohlenwasserstoffwelt,
die sich jetzt noch ebenso blind
wie ungestüm
um Beständigkeit und Nachkommen bemühen –
Verschwinden.

Und Wissenschaft, geehrte Herren,
wie sie hier betrieben wird,
will Beihilfe zur Zukunft sein.
Jedes ihrer Projekte,
jedes ihrer Terrarien,
enthält das Bild dieser Zukunft
und mehr noch:
ist ihre Vorwegnahme.
Die Einsicht der Lemminge,
jener ohne Verständnis bestaunten
Wühlmäuse der Arktis und Asiens,
die ohne Bedauern und Zögern
in eiligen, quirlenden Prozessionen

auf ihr Verschwinden zurennen,
kann doch nur darin bestehen:
durch das entschlossene Drängen
nach dem Untergang
das Ärgste zu verhindern –
die tragische Allmählichkeit
des unausweichlichen Verfalls,
den unkontrollierten Verlust
des Wissens von sich.
Nein, geehrte Herren,
der planmäßige Untergang ist längst
nicht das Ärgste – im Gegenteil:
Seine umsichtige Organisation
und rasche Verwirklichung
bringt alles zurück, was im
Verlauf der beschämenden Entwicklung
eines von der Herrschaft
über die *natürliche* Welt
blind faszinierten Denkens
schon verloren schien.
Denn wenn dies das letzte und einzige wäre,
das der Verschwindende weiß,
hätte die Neue Wissenschaft
das Ziel ihrer Anstrengungen,
ihren ausschließlichen Zweck, schon erreicht:
Ich bin es,
ich,
der da untergeht.

Wohin aber,
frage ich Sie,
hat die Ausdehnung einer geradezu
tollwütigen Forschung
in mikro- und makrokosmische Räume,
deren Abmessungen die Grenzen der Vorstellung
weit übersteigen, geführt?
Wohin
die unmäßigen Spielereien einer Technik,
die ohnedies Verwüstung betreibt –
leider nur ohne die Einsicht, daß sie damit
bloße Voraussetzungen schafft für den Endzweck.

Und wohin schließlich die Beschwerung
der Philosophie
mit ebenso vielfältigen
wie bedeutungslosen Disziplinen, die
auch zusammengenommen nichts anderes ergeben
als ein Konglomerat
blöder Rätsel und Fragen?

Geehrte Herren, ich bitte Sie!
Neben sogenannten Fortschritten
in der Erhöhung der Lebensdauer,
des Reichtums
und der bequemen Beweglichkeit
weniger Herrschaften,
hat die Aufblähung des Denkens
doch jedenfalls zur Verwandlung des Wissens
in ein Gewirr fruchtloser Daten geführt,

ein System kapillarer Verästelung,
das parasitär am Wesentlichen klebt und
keine Spuren tieferer Einsicht mehr trägt.

Das Meßbare zu messen
und das Unmeßbare meßbar zu machen –
an solche und ähnliche Leitsätze,
langweilig und maßlos,
hat sich die alte Forschung
geklammert;
wer wüßte das besser als Sie,
geehrte Herren?
Aber die irreführenden Leitsätze
werden von der Praxis der Neuen Wissenschaft,
verzeihen Sie mir,
in die Kalenderspruchsammlungen
uneinsichtiger Tölpel verbannt.
Denn diese Wissenschaft
hat den Ballast der Datenbänke in der
steten Vertiefung ihrer Erkenntnisse
abgestreift;
sie enthält sich nun
jeder weiteren Messung,
Beobachtung,
Theoriebildung
und auch des Experiments;
gesäubert von sinnlosen Ansprüchen,
erzeugt sie nichts anderes mehr
als die Bedingungen des Wesentlichen:
die Organisation des Verschwindens.

Deshalb, geehrte Herren,
werden Terrarien angelegt.
Meterhoch die Umzäunung,
sorgfältig geglättet
die Ebene aus Steinen und Sand
und frei von Wasser und Bewuchs:
das Bild der Zukunft.

Aber nun zum Protagonisten
der wissenschaftlichen Absicht,
dem flüchtigen Bewohner
der eingeebneten Landschaft und
Nutznießer der Wissenschaft.
Nennen wir ihn der Einfachheit halber,
der Name wird Ihnen geläufig sein,
den *Herrn der Welt*.
Er besteht, man sieht es ihm an,
zu siebzig Prozent aus Wasser.
Weiß oder schwach pigmentiert seine Haut,
Fellreste da und dort,
Rudimente von Krallen an Fingern und Zehen …
aber was sage ich Ihnen –
das Äußere kennen Sie ja.
Bedeutsamer scheint,
daß der Herr der Welt,
von allen Irrtümern der alten Forschung
und Weltsicht gezeichnet,
seine einzige und wahre Zukunft,
ja sich selbst,
offensichtlich erst im Terrarium

wiederzuerkennen vermag.
Er hat zu viel verwechselt:
Kultur mit Zivilisation,
die blinde Entwicklung seiner Technik
mit Fortschritt,
Ideologie mit Bewußtsein,
Herrschaft schließlich mit Ordnung
und so fort …
Ach, geehrte Herren,
er hat alles verwechselt und vertauscht.
Erinnern Sie sich:
Sie haben den radioaktiven Zerfall
schwerer Elemente wie Curium, Uran und Thorium
präzise gemessen
und mit den Werten der Messung
Isotopen-Kalender erstellt.
Sie haben auf Ihren Kalendern
das Alter der Erde
und anderer Planeten,
das Alter dieser
und anderer Sonnen
umsichtig vermerkt und sind,
was das Alter der Erde betraf,
auf ein Entstehungsdatum gestoßen,
das vier Milliarden und sechshundert Millionen Jahre
zurückliegen mußte.
Als Altersangabe jener vergleichsweise
bescheidenen Sonne, deren Hitze Sie nun auch
im dürftigen Schatten dieser Oase
zu quälen beginnt,

haben Sie die Zahl
vier Milliarden und siebenhundert Millionen,
manchmal auch fünf Milliarden genannt.
Sie haben in den präkambrischen Feuersteinen
der Südküste Afrikas
einzellige Wesen, winzig, fossil, milliardenjährig,
entdeckt und zwischen den Quarziten und Sedimenten
einer grönländischen Öde
Ablagerungen von Eisenoxydbändern und Kohlenstoff:
die drei Milliarden und achthundert Millionen Jahre
alten Spuren archaischer Bakterien,
die mit Hilfe des Sonnenlichtes
Wasser zu spalten und,
unter genialer Verwendung der dabei
freiwerdenden Energie,
organische Verbindungen aufzubauen vermochten.
Und das *Blattgrün*, geehrte Herren,
schimmerte matt
in diesem photosynthetischen Prozeß,
den Sie, Sie!,
Milliarden Jahre nach seiner Premiere,
mit einer prachtvollen Formel beschrieben:
$6\,CO^2 + 6\,H^2O + \mathit{Sonnenenergie} = C^6H^{12}O^6 + 6\,O^2$
Das unerhörte Ereignis frühesten Lebens!
Der Anfang.

Nach allem,
was wir über die Leere und Lebensfeindlichkeit
jenes ungeheuerlichen Raumes, der uns umgibt,
wissen, werden Sie mir beipflichten,

wenn ich diesen Anfang eine Spätfolge
von äußerst seltenen,
geradezu unwahrscheinlichen
astrodynamischen Vorgängen nenne,
die zur glücklichen Konstellation
von Sonne und Erde geführt haben.
Gewiß,
die Liste der irdischen Bedingungen,
unter denen die Bildung einer
organischen Existenz vonstattengeht,
ist überaus lang,
ebenso vielfältig wie rätselhaft,
und ihre Aufzählung
würde den Rahmen meiner Rede sprengen.
Aber wo, frage ich Sie,
wäre das Netz dieser Bedingungen,
wäre das Leben selbst geblieben
ohne die Gewalt jener
magnetischen Kraftfelder,
die Massen von Gasen
und kosmischem Staub
in Aufruhr und Wirbel versetzten
– wo? –
ohne den Druck der steten Verdichtung,
der schließlich in die heftige Rotation
dieses Materiehaufens mündete
und einen feurig-flüssigen
Glutball
zu erzeugen begann, dessen Licht
nun strahlend

in einer eisigen Finsternis
aufging?

Es ist Ihre Vermutung, die meint,
der rotierende Glutball
habe die Gesamtheit seiner
entsetzlichen Masse
nicht mehr zu halten vermocht
und brennende, glühende Fetzen
seiner selbst
in die Kälte hinausgeschleudert,
weit,
Hunderte Millionen Kilometer hinaus,
und die Fetzen
des Muttergestirns wären,
sich nun ihrerseits drehend,
erkaltet,
hätten sich in jene *Planeten* verwandelt,
die nun in elliptischen Bahnen
und getreu
den Gesetzen der Himmelsmechanik
den Ort ihrer Herkunft
umschwärmten.

Am Anfang, geehrte Herren –
fragen wir nun nicht weiter
nach Kraftfeldern,
der Herkunft der toten Materie,
nach der Leere,
dem Nichts

und was immer auch vor diesem Nichts
gewesen sein mag –,
am Anfang war die Sonne.

Was aber
geschah nach diesem Anfang?
Auch das wissen Sie längst:
Einer der kleineren Fetzen –
jene *Terra*,
die von der Neuen Wissenschaft veredelt,
nach und nach zum
Terrarium
aufsteigen wird –
begann sich in einem derart günstigen Abstand
um die Glut seines Ursprungs zu bewegen,
fern genug,
um nicht weiterzubrennen,
und nah genug,
um gewärmt und beleuchtet zu werden,
daß sich auf seiner
zu bizarren Formen erkaltenden Oberfläche
das seltene Netz der Lebensbedingungen
höherer Organismen
entfalten konnte;
ein Netz,
an dessen dichtester Stelle sich dann auch
tatsächlich das Leben
wie eine Stubenfliege
im Spinnengewebe
verfing.

Im vorläufig letzten, allerletzten Augenblick
der nun einsetzenden,
teils komischen,
teils faszinierenden Entwicklung einer
lebendigen Vielfalt,
aber auch das wissen Sie ja,
richtete sich
ein Vieh
plötzlich
auf.

Überraschend schnell
begann dieses Vieh,
den aufrechten Gang zu erlernen –
freilich nur,
um hochaufgerichtet
in allen und jeden Zusammenhang
hineinzutreten, wie eben ein
wütendes oder verstörtes Vieh
in Zusammenhänge hineintritt:
gewaltsam
und ohne Bedenken.

Ich höre nun, geehrte Herren,
das unwillige Scharren
Ihrer Stiefel im Sand.
Aber zur Illustration meiner Ausführungen
bitte ich Sie,
die Absätze Ihrer Stiefel
auf eine der reichgefächerten

Sandrosen von Bordj Moktar zu setzen.
Zertreten Sie
die rotgoldene Architektur dieser Wüstenerscheinung!
Und Sie erhalten das klirrende Bild
des menschlichen Auftritts.

Aber ich fahre fort mit dem Hinweis
auf jenes Denken,
das sich das aufgerichtete, wäßrige Wesen
allmählich aneignete
und darüber
Klauen,
Fangzähne
und Fell
verlor.
Zumeist war es ein hartes,
auf die schnelle Erreichung von Zwecken
gerichtetes Denken,
das die offensichtlich zwingende Form
der Behauptung von Existenz
– das Töten und Fressen –
so durchschlagend zu perfektionieren erlaubte,
daß das Vieh diese Form der
Wahrnehmung existentiellen Interesses
auch auf seine Artgenossen anzuwenden begann.
Allerdings:
Es fraß die erschlagenen *Feinde*,
zumindest nach Ausbruch der Zivilisation,
aus für den Rest der kämpfenden Fauna und Flora
unersichtlichen Gründen

nicht auf,
sondern verscharrte die Kadaver im Sand,
verbrannte sie,
warf sie ins Meer,
in den Fluß,
einen Tümpel
oder bedeckte sie mit Erde und Steinen.
Was für ein Fortschritt.

Ich sehe Sie erneut unwillig werden,
geehrte Herren,
aber bedenken Sie, daß mein geraffter Bericht
keine Parabel ist!
Ich weiß,
die Akademie verabscheut Parabeln.
Und falls es der Gebrauch
des Wortes Vieh ist, der Sie stört,
so spreche ich,
Ihnen gerne entgegenkommend,
weiter von Menschen –
denn nichts liegt der Neuen Wissenschaft
ferner
als die Erregung von Ärgernis –,
auch gab es tatsächlich einige Vertreter
dieser gehenden Gattung, die sich,
theoretisch nicht unraffiniert,
um triftige Gründe
für die Behauptung eines Unterschieds
zwischen Menschen und Vieh bemühten.
Auch wurden da und dort und vereinzelt

Bedenken
gegen die archaischen Formen der
Interessenwahrnehmung
geäußert.
Sogar schriftlich
wurde wiederholt
Protest eingelegt
gegen die gewalttätige Behauptung
der Existenz:
Diese übertriebene
Rezeption aus der Fauna,
so oder ähnlich schrieb man,
sei dem Menschen nicht mehr gemäß.
Ich nehme an, geehrte Herren,
Sie kennen diese Plädoyers
und wissen daher auch,
daß sie keinerlei Einfluß nahmen
auf die Grundzüge der menschlichen Art.
Aber gerade was die Entfaltung
dieser besonderen Art anbelangte,
tat sich der Helle,
der Weiße,
der Schwachpigmentierer
sehr deutlich hervor:
Er machte mit allem,
was seine Absichten,
seine Ausbreitung zu behindern schien
oder tatsächlich behinderte,
kurzerhand Schluß
und bot redselig seine Rechtfertigung an.

Er räkelte sich,
dehnte sich
auf dem Rücken ihm fremder Kulturen
und erklärte das Fremde zum Rohstoff
und Baumaterial der eigenen Zivilisation.
Er bediente sich
der zweckmäßigsten Formen des Denkens,
errichtete so Industrien
und gelegentlich Weltreiche,
und alles geriet ihm zur Herrschaft.

Und jetzt, endlich!,
sind seine Gesetze und Richtlinien
in einem Ausmaß global,
daß er zumindest sein Äußeres
auf jedem Längen- und Breitengrad
wiederzuerkennen vermag:
die Neon- und Lackschriften seiner Warenzeichen,
seine Produktionsweisen und Spielformen
der Organisation,
seine Art,
Werte und Unwerte voneinander zu trennen,
Wunden zu schlagen und wieder zu schließen
und insgesamt,
ich sagte es schon,
Verwüstung zu betreiben ohne Verständnis,
daß damit der Zukunft gedient wird.
Wo er nicht selbst herrscht,
herrscht man in seinem Sinn.
Nennen wir ihn also,

diesmal der Wahrheit halber,
den Herrn der Welt.

Im gewiß mühsamen Verlauf Ihrer Anreise,
geehrte Herren,
haben Sie vielleicht an einer Wasserstelle,
in einem Tuareg-Lager
oder vor der Lehmmauer eines Kontrollpostens
die alte Empfehlung der Beduinen gehört:
Wer die Wüste durchquert,
nähe Dattelkerne in den Saum seiner Gewänder ein.
Denn wenn der Reisende in die Irre geht
und schließlich,
abgeschnitten von Wasservorräten
und dem Beistand einer Karawane,
unter der Glut der Sonne hinfällt
und sich nicht wieder erhebt,
wird sein verwesender Leichnam
der Keimung eines Dattelkerns nützlich sein,
und aus dem Dung
wird sich allmählich eine Palme aufrichten.

Gewiß, geehrte Herren,
die Empfehlung der Beduinen ist verspielt,
weil sie der überflüssigen
Verzierung der Wüste dient;
sie ist aber auch ernst,
weil sie den Anfang der Einsicht in die
Notwendigkeit des Verschwindens
enthält;

ernst,
weil sie nichts retten will.
Der Herr der Welt aber
kennt solche Nähvorschriften nicht,
und nichts steckt in seiner Arbeit,
in seinen Gewändern,
seinen Automaten
und dem Torf seiner Vorgärten,
das über ihn hinausweist.
Er kennt wohl den Verbrauch,
den Umsatz und den Verschleiß,
aber was verlorengeht,
wird ständig ersetzt.
Er will,
obwohl er Verwüstung betreibt,
sich in die Zukunft verlängern!
Und das ist ein Widerspruch.

Die Neue Wissenschaft erst
löst diesen Widerspruch,
indem sie dem Herrn der Welt
die Bedingungen seiner eigenen
Auflösung schafft.
Und was ihre umsichtig geplanten
Projekte,
ihre Methoden angeht, so frage ich Sie,
geehrte Herren:
Was liegt näher, als eine Existenz,
die ihren Anfang unter der Sonne nahm,
auch unter der Sonne wieder

verschwinden zu lassen?
Was liegt näher,
als ein wäßriges Wesen,
das sich den Blick auf das
Wesentliche
mit Gerümpel verstellt,
unter Entzug aller Ablenkung zu
entwässern,
damit es wenigstens
im raschen Verlauf seines Untergangs
zum ersten Mal *Ich* sagen kann?
Ich,
und dann nichts mehr.

Das Projekt der Neuen Wissenschaft,
geehrte Herren,
die organisierte Form des Verschwindens,
stellt alles her, was herzustellen ist,
und bringt, was sich herstellt,
zum raschen Verschwinden,
weil damit die Gesamtheit des Möglichen
verwirklicht ist.
Zurück bleiben die Wüste
und ein entwässerter Rest,
aus dem nun endlich
nichts mehr
hervorzugehen braucht.
Ich breche meine Ausführungen hier ab
und entbiete der Akademie meine Grüße.
Es ist alles gesagt.

Ich sehe die Schatten Ihrer Zeltdächer
schon über Bordj Moktar hinausfallen.
Ihre Diener und Assistenten
kauern um die Feuerstellen
und haben Teekessel übergestellt
und Pfefferminzblätter vorbereitet.
Geehrte Herren,
Sie sind mir beharrlich und unwillig
gefolgt.
Sie werden jetzt müde sein.
Ich danke Ihnen.

III
Das Terrarium
Hinweise für eine Bauleitung

Sand!
Sand ist herbeizuschaffen;
herbeizuschaffen der rieselnde,
verfliegende Endzustand aller Landschaft,
herbeizuschaffen mit *camions*,
mit Tragkörben, wo Unwegsamkeit herrscht,
und mit Schiffen dort, wo Küsten sind.
Herbeizuschaffen ist Sand
oder dort, wo er sich schon findet
und nicht erst verfrachtet werden muß,
zur vollkommenen Ebene zu ordnen.
Damit die Empfindung von Weite,
ja Unermeßlichkeit
gefördert werde,
breite sich die Ebene über
siebzig Quadratkilometer aus.
Das von Erosionskräften
und vulkanischem Druck
mißgestaltete Land

ist von jeder planlos *natürlich*
verlaufenden Folge von Niederungen
und Erhebungen, Einbrüchen und Rissen
zu befreien.
Die Projektvorschrift verbietet
mit allem Nachdruck der ihr zugrundeliegenden
Einsicht,
daß der Protagonist des Verschwindens
einer gewordenen Wildnis aus Sedimenten,
Sandverwehungen und Geröll ausgesetzt werde.

Er ist auszusetzen
allein den geschaffenen Bedingungen
der Wissenschaft.

Scharf wie der Grat einer Düne
verlaufe der Horizont dieser Ebene,
um deren gesamte Ausdehnung eine Wand,
eine Mauer,
ein Wall
zu errichten ist:
die Grenze der Wissenschaft.
Denn wer immer zum Protagonisten
ihrer erlösenden Absicht aufsteigen will,
soll keinerlei Ablenkung
durch Übergriffe der Außenwelt
oder Fluchtmöglichkeiten erfahren.
Aber wer wollte schon fliehen
aus einem Zusammenhang,
in dem die Wissenschaft

umsichtig
für alles gesorgt hat?

Nur weil hier an alles gedacht wird,
ist eine Wand zu errichten –
sie hält auch den Wind ab, der schließlich,
kein Zweifel,
entlang dieser Abgrenzung
Dünen anwehen und mehr noch:
die Grenze in das Gerüst und Rückgrat
von Sandbergen verwandeln wird.
Aber dieses Ereignis liegt in der Zukunft
jenseits des Projekts
und braucht weder Planer noch Erbauer
im geringsten zu kümmern.

Der Wind streiche also
in gebrochener Stärke
über den Grund des Terrariums
und werfe da und dort
allerhöchstens
kleinere Sandwellen auf,
die zu vernachlässigen sind.
Sie stören hier nicht.
Die Temperatur der Luft
sinke nie unter fünfzig Plusgrade
der Celsiusskala
und ihre Feuchtigkeit
betrage nicht mehr als zehn Prozent.
Diese Werte

sind Bestandteil genau kalkulierter
Bedingungen des Untergangs.
Wolkenlosigkeit herrsche.

Als *projektdienlich* gilt auch
die größtmögliche Steilheit
des Einfallswinkels der Sonnenbestrahlung und –
wenn es die zur Verfügung stehenden Mittel erlauben –
auch die Verdünnung der Ozonschleier
in der auf dem Terrarium lastenden Atmosphäre:
Durch dieses von störenden Filtern
gesäuberte Fenster der Lufthülle
falle das Sonnenlicht nun
mit der gesamten Vielfalt
auch seiner kurzwelligsten Strahlung ein
und unterstütze so
die Absichten der Wissenschaft.
Am besten wäre dabei unbestritten,
wenn der Sonnenstand
sich stets im Zenit befände
und so auch die Störung
durch den Schattenwurf des Körpers
auf ein Minimum reduziert bliebe.
Aber weil der Stand der Sonne
sich der einflußnehmenden
Sorge der Wissenschaft
vorerst
entzieht,
ist geringfügige Schattenbildung
zu tolerieren.

Und keine Tamarisken!
Keine Akazien!
Auch keine Dornsträucher.
Jeder noch so schüttere Bewuchs
ist zu entfernen.
Völlig leer breite sich die Ebene aus.
Allfälliges Vorkommen von Wasser
ist so abzuleiten,
daß es unterirdisch
und unerreichbar
versiegt.
Die Leblosigkeit,
die Reinheit
der geschaffenen Landschaft
ist unabdingbare Voraussetzung.
Mit Tieren ist daher sinngemäß zu verfahren.

Die zur Errichtung des Terrariums
verpflichtete Arbeiterschaft
ist nach jeweils landesüblichen Maßstäben
zu entlohnen
und ausschließlich über die von ihr erwarteten
Tätigkeiten und Handgriffe
zu unterrichten.
Die Arbeiterschaft ist mit dem Hinweis
auf ihren *wertvollen Dienst an der Zukunft*
im Bedarfsfall zu trösten,
dabei bleibe aber der theoretische Hintergrund
ebenso wie die Zielsetzung des Projekts
unerwähnt:

Die Neue Wissenschaft vermeidet Diskussionen,
wenn es gefestigte Einsicht
in Praxis umzusetzen gilt.
Jeder denkbare
Einwand der Arbeiterschaft
würde bloße Verzögerung
und keinesfalls Veränderung bedeuten.
Verzögerungen sind zu verhindern.
Information
bleibe auf Anleitung beschränkt.

In diesem Sinne ist die Arbeiterschaft
zu zweckmäßiger Eile
und zum sorgsamen Umgang
mit den ihr anvertrauten Gerätschaften
anzuhalten;
sie ist nach der Verrichtung
aller erforderlichen Tätigkeiten
zu entlassen
und ihr Abzug unverzüglich zu organisieren.
Zurück bleibe nichts als
das leere Bild der Zukunft.

Über den Fortgang
und Abschluß der Arbeiten
sowie über die Räumung des Geländes
und Überstellung des Herrn der Welt
in das Terrarium
ist ein Protokoll anzufertigen.

IV
Strahlender Untergang
Lichtschwielen, Blendung und Entwässerung

Es war eng in der Heimat:
klein und dunkel die Räume,
die Zeit knapp
und bedeutungslos jede Anstrengung,
die Arbeit.
Aber hier ist alles groß.
Hier ist alles weit
und das Zurückliegende
schon vom ersten Augenblick an fern:
die Reise nach Oregon,
die Investitionspläne fürs nächste Jahr,
der lächerliche Aufstieg in einer Firma,
die sich mit Waren
ohne jeden Gebrauchswert abgab
und es so zu weitreichenden
Geschäftsbeziehungen brachte;
die genormten Gespräche,
und Anna
und alle –

es ist beinah vergessen.
Wie hier jeder Schritt tönt.
Der Sand ist so trocken,
daß er sich unter den Füßen
und im Wind
zu kurzen Fontänen erhebt
und gleich wieder hinlegt
und dabei klingt,
als fielen Nadeln
gegen eine Erde aus Glas.

Und sonst
ist da nur noch
das Atemgeräusch.
Es muß also still sein.
Es begann schon in Aïn Salah
still zu werden.
Die in der Sonne gehärteten
Häuser aus Lehm
wie unbewohnt;
dazwischen die wechselnden
Farben des Sandes
und ein Tragtier, das so behutsam
auftrat,
daß nur das Knarren und Schaben
seiner Last zu hören war.
Der Rotor des Helikopters
zerschnitt das alles nur kurz.
Auch hier.
Die Maschine erhob sich gleich wieder,

ließ einen schmerzenden Sandwirbel zurück,
schlug und brüllte noch eine Zeitlang
am Himmel dahin,
verwandelte sich in einen schwarzen,
singenden Punkt
und verschwand.

Das Verschwinden und Singen des Punktes
brachte die Erinnerung an *Das Fest* zurück,
die notwendige Rekapitulation
eines Verschwindenden,
der sich inmitten der Siedehitze,
der Leere
wiederfindet
und wieder und wieder
nach einem Punkt sucht,
an dem alles anfing.

Und was für ein Fest das war:
der Platz vor dem Forschungsgebäude
tagelang von Zuhörern verstellt.
Girlanden und Lampions,
Sandproben in Schaukästen!,
eine Fata Morgana
im angrenzenden Lichtspieltheater,
Marktbuden mit Sonnenschirmen aus
Brennglas und Stahl,
Kunstsonnen aus den Laboratorien
stillgelegter Sonnenschutzmittelfabriken
zur freien Entnahme.

Solarien,
Varietézelte mit den Attraktionen
einer Verdurstung
und über allem die Kanzeln:
Von dort herab Reden.
Die Reden der Vertreter einer
Neuen Wissenschaft,
langatmig und laut.
In Burnusse gehüllt,
beugten sich die Redner
weit über die Brüstung,
verlangten hin und wieder
erhöhte Aufmerksamkeit
und reichten schließlich Listen herab,
auf denen
Name,
Adresse
und
gewünschtes Abreisedatum
zu vermerken war.
Und dann der nächste Redner
und nach ihm ein anderer.
Alles Idioten!,
Fanatiker bestenfalls,
versessen auf ihre Untergangstheorien.
Als ob der Untergang
einer Theorie bedürfte!
Aber man folgt ihnen massenhaft.
Nicht weil man sie versteht
oder ihnen glaubt,

sondern weil man
folgen will.
Folgen,
nichts weiter.

Keine Ahnung,
wie viele im Terrarium
schon verschwunden sind.
Die Städte jedenfalls
leeren sich merklich und werden,
so wurde es von den Kanzeln herab
versprochen,
nach ihrer Entleerung
zu neuen Terrarien
eingeebnet:
Das wird schließlich
die Arbeit von Automaten sein,
wartungsfreien,
robusten Automaten,
fast unsichtbar
unter dem Solarzellengewebe
ihrer Sonnensegel.

Aber das Fest liegt zurück
wie alles andere auch;
der Platz vor dem Forschungsgebäude
muß jetzt leer sein wie diese Ebene,
mit deren Durchwanderung,
ziellos,
irgendwohin,

der Tag
erwartungsgemäß
vergeht:

Dreimal
taucht eine glänzende Metallwand auf
und fließt über
in den flimmernden See
einer Luftspiegelung,
die dicht über dem Boden
das Blau des Himmels
unruhig zusammenfaßt
und vor jeder Annäherung
ins Verschwinden zurückweicht.
Keine Wand mehr.
Kein See.
Der Himmel ist weiß.

Wie pünktlich,
überaus pünktlich
die kalkulierten Kausalzusammenhänge
einsetzen!
Die kurzwellige Strahlung
des ultravioletten Lichts,
ist das noch Licht?,
zwingt die Melanozyten in der
Basalschicht der Epidermis,
was für ein schöner Name für
die Oberhaut,
zur Erfüllung ihres Programms:

Unablässig erzeugen sie Pigmente –
die für jeden Bewohner des Terrariums
sinnlose Schutzfarbe.
Wozu noch Schutz?
Aber es läßt sich nicht ändern.
Programm ist Programm.
Die Schutzfarbe mißrät hier
zum Brandrot.
Die brandrote Haut wirft Blasen.
Alles Wasser
will jetzt nach draußen,
aber bevor noch die Schweißperlen
voll Kochsalz, Cholesterin, Fettsäuren
und weiß der Himmel,
der weiße Himmel, was noch
Form annehmen können,
Perlenform,
verdampfen sie auch schon wieder,
und die Haut bleibt trocken und heiß.
Gelb und prall wachsen die Brandblasen,
die *Lichtschwielen*,
zur Größe von Schafsaugen an.

Wie war das bloß damals,
als ein pralles und gelbes Etwas,
war es ein Ball,
war es ein Geschoß?,
durch die Luft flog
und am Ende der Flugbahn
die Idylle

irgendeines Sommergastes zerstörte,
der wütend aufsprang und,
Verwünschungen ausrufend,
nach den Ballspielern schlug –
war ich der Sommergast
oder ein Ballspieler?

Die Lichtschwielen platzen auf.
Ein Rinnsal,
das einzige in dieser Glut,
verdampft.
Die Hitze ist unerträglich.
Es muß diese alte Hitze sein,
von der es in den Reden vor dem
Forschungsgebäude geheißen hat,
sie entstehe im Inneren,
im Fusionskern der Sonne,
und Hunderttausende, ja Millionen Jahre
dauere ihr Aufstieg aus dem Kern
an die Oberfläche,
von der sie abgestrahlt und verschleudert,
an uns verschleudert werde,
die Hitze eines thermonuklearen
Umwandlungsprozesses:
Materie in Energie,
Wasserstoff in Helium,
hat es geheißen,
fünfzehn Millionen Grad
im Zentrum der Sonne,
Wasserstoffbrände.

Die Hitze ist unerträglich.
Der Durst ist unerträglich.
Zwei Tage,
hat es geheißen,
allerhöchstens ein paar Stunden mehr,
bis zum hyperosmolaren Koma,
und dann
Halluzinationen,
Bewußtlosigkeit,
Schmerzfreiheit,
Herzstillstand,
Denkstopp,
aus.
So einfach ist das.
Aber auf dem erlösenden Weg dahin,
hat es geheißen,
könnten durchaus und kurzfristig
schmerzhafte Phasen eintreten,
flüchtige Phasen des Untergangs …
Idioten.
Ihr Idioten.
Und es kann noch lange dauern,
vier, fünf Milliarden Jahre vielleicht
bis die Wasserstoffvorräte dieser Sonne,
der Himmel ist weiß,
erschöpft sind
und sich der Stern zum Riesenstern rot aufbläht
und schließlich
in einem Heliumblitz verschwindet,
und aus dem Blitz,

groß,
größer als der gesamte Raum
des gegenwärtigen Sonnensystems,
eine Supernova,
wieder hervorschießt und dann
zu planetarischem Nebel zerfällt,
der sich einmal,
einmal noch, verdichtet,
zum weißen Zwergstern verdichtet,
immer weiter verdichtet
bis zur völligen Schwärze,
zur unwiderruflichen Finsternis
und es endlich
kühler wird.

Der Wind ist zu schwach,
um das Spurengewirr im Sand zu verwischen,
und stark genug,
um die feinsten Körner der Ebene
über die Schleimhäute
und Haut überhaupt
zu verstreuen.
So nimmt alles zu:
das Spurengewirr, das dahin
und dorthin verläuft,
und die Lichtentzündungen
an allen Häuten.
Die Conjunctiva zwischen
Augapfel und Lid
wird rot und schwillt an und schmerzt

wie alles andere auch.
Aber der unter einer sanfteren Sonne
zu erwartende Tränenstrom
bleibt hier aus.
Blendungsbilder,
türkise, blaugrüne und tiefrote Bälle
springen auch hinter geschlossenen Lidern
im langsamer werdenden Rhythmus
der Augenmuskeln.
Was für eine Müdigkeit.

Ein beharrlicher,
unverwandter Blick in die Sonne
schafft erst die andere Sichtweise:
Die Linse tut, was sie tut,
und bündelt das Licht,
das dichteste Weiß,
und wirft es,
ein Brennglas,
auf jenen zwei Quadratmillimeter
großen Fleck,
auf dem Bilder, die jetzt
immer weiter zurücktreiben
früher einmal
in ihrer größten Schärfe
erschienen.
Und allmählich verbrennt dieser Fleck,
die *Macula lutea*,
und die Verbrennung läßt eine blinde,
gekrümmte Fläche zurück,

einen zu Ende gebleichten *Sehpurpur*,
einen Blick,
an dessen äußersten Rändern jetzt,
unscharf und ständig verschwimmend,
die Ebene wieder erscheint.
Eine glänzende Wand.

Unter diesen Bedingungen mindestens
zehn Liter Wasser täglich,
hat es geheißen,
brauchte einer wie ich,
wenn er schon unbedingt die Zukunft,
irgendeine Zukunft,
unverdampft erleben wollte.
Aber so.

Jetzt bin ich
die hypertone Entwässerung,
ich bin der Anstieg des Hämatokrits,
ich bin die Verkleinerung des Volumens
aller Zellen,
die Verringerung der Sauerstofftransportkapazität,
die Konzentration
der Natriumlösungen und des Chlorids,
ich bin
die rasend gesteigerte Herzfrequenz,
die Weitstellung aller Gefäße,
die Eindickung des Bluts
und die osmotische Konzentrationsverschiedenheit
im Gehirn.

Ich bin der Zusammenbruch der Thermoregulation,
ich bin
der allesumfassende Verlust.
Ich konzentriere mich in allem
und werde weniger.

Wir haben uns, was für ein Irrtum!,
stets vor der Sonne zu schützen versucht.
Wir haben Sonnenschirme aufgespannt
und sind in Batistkleidern
und ineinandergehakt
die Promenaden entlang,
anstatt uns zu häuten.
Wir haben höheren Säugetieren
die Augen geöffnet,
mit Klammern geöffnet,
und an der Hornhaut der Augäpfel
die Verträglichkeit
unserer lichtfilternden Kosmetika
erprobt: Zimtsäureester, Tannin,
Salizylsäure und Benzophenone.
Auch Schweine haben wir geschlachtet,
die Kadaver in einen Sprühregen gelegt
und an ihrer noch warmen Haut,
sie sei so menschenähnlich,
Auskünfte über die Wasserbeständigkeit
unserer Sonnenöle erhalten.
Und in Arizona
haben wir Häftlingen bedeutet,
sich in die Sonne zu legen,

und haben auf ihren entblößten Rücken
mit Klebestreifen und Rastern
Testfelder zur Erforschung
ultravioletter Strahlung angelegt:
Der vom hellen ins dunkelste Rot
aufsteigende Entzündungsgrad
dieser Rücken,
die *Lichttreppe*,
hat uns die Bestimmung der
günstigsten Dauer unserer
Sonnenbäder erlaubt.
Wie mutlos
doch diese Versuche gewesen sind.
Und wo ist Arizona?
Was ist Arizona jetzt?
Hier gibt es keine Lichttreppen.
Hier ist man immer im Brandrot.
Und an der Haut
springt wieder etwas auf
und zerplatzt.
Aber nichts Pralles, kein Rinnsal mehr,
keine Bälle.
Jetzt weiß ich wieder,
daß ich der Sommergast war.
Ich war auch der Häftling,
das Schwein
und der Schlachter
und bin unter dem Sonnenschirm
Promenaden entlangspaziert.
Der Batistmantel liegt ja noch dort,

breitet sich aus, nein,
es ist die weiße Schlachterschürze
aus Gummiarabikum,
steif und kalt.

Wie kalt es in den Schlachträumen
immer gewesen ist.
Es ist kalt.
Die Schürze liegt dort
und glänzt,
eine endlose Schürze die Ebene,
eine rissige Schürze aus Packeis,
und jetzt
setzt ein Zug Schlittenhunde
kläffend über die Risse hinweg,
und noch einer,
Sänften schwanken auf Tragtieren,
Fahnen und Baldachine,
eine gewaltige
Eisprozession.

Floßfahrt

Es waren fünf, meiner Erinnerung nach oft wolkenverhangene und schneereiche Monate in den frühen achtziger Jahren des vergangenen Jahrhunderts, in denen mein Weg ins Packeis der Hocharktis aus einer kalten, auf 48° 12' 38" nördlicher Breite und 16° 22' 17" östlicher Länge gelegenen Wohnung in den Wiener Tuchlauben in südwestlicher Richtung über den Kohlmarkt auf den Michaelerplatz führte, dann, in einer Wendung nach Südosten, vorbei an den Stallungen der Spanischen Hofreitschule zum Augustinertrakt der Hofburg und an das sechzehn Bogensekunden südlich meines Ausgangspunktes gelegene Mittelportal der Österreichischen Nationalbibliothek.

Dieses Portal und den dahinterliegenden Windfang passierte ich stets in einer Brise warmer Zugluft, ließ unter einem heiteren Stuckhimmel den Prunksaal der Bibliothek auf einer marmornen Anhöhe im Nordosten zurück, durchschritt ein Foyer in westlicher Richtung und stieg eine schmale Wendeltreppe empor, in deren

Schneckenwände eingelassen sich das damals nur auf besondere Anfrage geöffnete Pförtchen zur größten Globensammlung der Welt befand: ein Planetenschwarm aus Erdkugeln in allen Größen.

Aber ich mußte weiter, höher hinauf, bis zu einem auf knapp zweihundert Meter über dem Meeresspiegel versteckten Durchlaß, kaum größer als eine Tapetentür. Dahinter öffnete sich endlich die Kartensammlung der Nationalbibliothek, lagen die Küstenstriche Sibiriens, die Barentsinseln und Nowaja Semlja, schimmerten die Gletscher des Franz-Joseph-Archipels, das Packeis des Nördlichen Polarmeeres.

Schon lange vor meinem Aufbruch in den hohen Norden und während so vieler Wintermonate vergangener Studienjahre hatten mich ausgedehnte Reisen immer wieder durch die Zimmer- und Saalfluchten geheizter Paläste geführt – an die von sanftem Lampenlicht beschienenen Lesetische im Südflügel der Universität, in den an ein klösterliches Refektorium erinnernden Augustinerlesesaal der Nationalbibliothek oder in die Steppen, Urwälder, Wüsten und Eisfelder der Kartensammlung.

Von den ausladenden Tischen dieser Sammlung bot sich ein weiter Blick über den kaiserlichen Burggarten und leere Baumkronen, aus deren schwarzen Zweigen Nebelkrähen rätselhafte Botschaften in die Winterluft krächzten. Ihre Schreie schienen trotz der imperialen Umgebung und des fernen, durch große Doppelfenster gedämpften Verkehrsrauschens der Ringstraße aus einer ungeheuren, polaren Verlassenheit zu kommen.

Mein Eichentisch im Lesesaal der Kartensammlung

wurde mir jedenfalls über fünf Wintermonate zu einer Art Floß, auf dem ich mit dem Packeis weiter und weiter nach Norden driftete. Das Floß trug mit dem Schnee vergangener Jahrhunderte historische, hydrogeographische und nautische Materialien und Karten zu Schiffahrtsrouten, Ausrüstungslisten verschollener Expeditionen und Chroniken zahlloser Untergänge und gescheiterter Versuche, einen Seeweg entlang der sibirischen Eismeerküste vom Atlantischen in den Pazifischen Ozean zu entdecken – die von Abenteurern und Kauffahrern vieler Generationen als *Weißer Weg nach Indien* erträumte *Nordostpassage*.

Ich saß damals nach einem jahrelangen, zugunsten des bloßen Erzählens aufgegebenen Versuch, eine philosophische Dissertation zu einem guten Ende zu bringen, auf meinem Floß an einem Roman: über eine Polarfahrt des neunzehnten Jahrhunderts, der Geschichte einer österreichisch-ungarischen, als *Payer-Weyprecht-Expedition* zuerst gefeierten, dann vergessenen Unternehmung, die zur letzten Landentdeckung der Alten Welt geführt hatte.

Die Mitglieder dieser Expedition waren als Gefangene der Packeisdrift an Bord eines dreimastigen Barkschoners mehr als ein Jahr durch alle Schrecken des Eises und der Finsternis getrieben, waren an einem Augustmorgen des Jahres 1873 an den Küsten eines bis dahin unbekannten Archipels gestrandet und hatten das neue, unter Gletschern begrabene Land zu Ehren eines fernen Herrschers *Franz-Joseph-Land* getauft. Damit war der letzte weiße Fleck von jenen Weltkarten getilgt, mit denen noch viele

Globen der Sammlung im Stockwerk unter meinem Floß beklebt waren.

Vielleicht war diese Tilgung aber auch einer der größten Verluste in der Geschichte der Vermessung der Welt, hatten solche Flecken mit ihrem undurchdringlichen, konturlosen Weiß doch zur kostbarsten und dabei gefährlichsten und trügerischsten Beute gehört, die sich je im Netz der Längen- und Breitengrade verfing: *Terra incognita*. Unbekanntes Land in einem unerforschten Meer.

Kein Land als das unbekannte hat mehr Flotten, Expeditionen und Karawanen in Bewegung zu setzen vermocht, kein Land besser gerüstete Prozessionen von Landvermessern und Armeen von Eroberern, die, von einer leidenschaftlichen Neugier, Machtgier oder Goldgier weiter und weiter getrieben, bereit waren, bis ans Ende der Welt zu gehen. Und kein Land hat mehr Opfer gefordert – zahllose Tote unter den Entdeckern aller Zeiten und noch mehr, viel mehr Tote, ja die Vernichtung ganzer Völker, unter den *Entdeckten*, den Bewohnern jener Länder, die allein dem gnadenlosen Blick ihrer Eroberer neu waren.

Das Schneeweiß eines *Neuen Landes* war der Untergrund, auf dem farbenprächtig alles erscheinen sollte, was der eigenen Welt fehlte: hängende Gärten, Inseln der Glückseligkeit, durchweht von Gewürzdüften und bewohnt von engelgleichen Wilden oder nie gesehenen Ungeheuern – vor allem aber durchzogen von unerschöpflichen Gold- und Erzadern, aus denen Metalle für jene Waffen zu gewinnen waren, mit denen jeder massakriert wurde, der nicht rechtzeitig vor christlichen Seelenrettern und Landtäufern floh.

Aber so gewunden und schließlich ins Endlose verlaufend die Küstenlinien tatsächlich vermessener Länder auch wurden und mit welcher fliegenden Geschwindigkeit Schraffuren, Höhenlinien und Tiefenlotungen ehemals weiße Flecken zu verdunkeln begannen – irgendwann mußte jeder Entdecker eingestehen, daß auch das neue Land kein Paradies war.

Die Eispanzer des Franz-Joseph-Landes waren jedenfalls menschenleer, und die schmalen, nur für wenige Polarsommerwochen von silbrigem Moos und den Blüten arktischen Mohns gezierten Küstenstreifen spiegelten sich allein in den Augen von Robben, Eisbären, Sturmtauchern, Walrossen und Alken.

Julius Payer, der *Kommandant zu Lande* jener Entdekkungsfahrt, der ich auf meiner Floßdrift folgte, hatte noch unterwegs zum Bremerhavener Liegeplatz des Expeditionsschiffs *Admiral Tegetthoff* über den bevorstehenden Aufbruch ins Licht einer monatelang über dem Horizont kreisenden Sonne und weiter und weiter, bis in die Finsternis zweier Polarnächte, von einem jenseits der Packeisbarriere liegenden Garten Eden geträumt:

Seine Thäler, schrieb Payer über seine Abteilgespräche mit der in Dalmatien, Böhmen und Tirol rekrutierten Mannschaft während der Bahnfahrt nach Bremerhaven, *seine Thäler dachten wir uns damals mit Weiden geschmückt und von Renthieren belebt, welche im ungestörten Genuß ihrer Freistätte weilen, fern von allen Feinden.*

Ich habe den Franz-Joseph-Archipel erst viele Jahre

nach meiner Floßfahrt durch die Bestände der Kartensammlung und des Österreichischen Marinearchivs als Passagier von russischen Eisbrechern auf zwei Polarreisen besucht, habe einige Inseln des nach wie vor unter Gletschern begrabenen, nach wie vor menschenleeren Landes mit einem Freund durchwandert und habe auf einer von Julius Payer nach dem unglücklichen Kronprinzen des Hauses Habsburg *Rudolf* getauften Insel in einem Schneesturm an die Wärme und Geborgenheit an den Lesetischen der Kartensammlung gedacht.

Selbst hier, am nördlichsten Kap des Archipels und jenseits eines für einen Hundeschlittenreisenden wie ihn unpassierbaren Stroms offenen Wassers, hatte Payer bei einer Temperatur von minus einundfünfzig Grad Celsius noch ein dunkles, rissiges Band im Norden gesehen: Das mußten weitere unentdeckte Höhenzüge sein, Gebirge. Und so warf er mit immer neuen Namen – nach Wolkenbänken: *Cap Wien, Petermann Land, Donauinsel* und so fort. Ich habe durch die Bullaugen des Nukleareisbrechers *Yamal* ähnlich dichte, polare Dunstbänke über dem Horizont im Fernglas betrachtet und war so überzeugt, eine gebirgige Küste vor mir zu haben, daß ich darüber eine Wette gegen einen Maschinisten aus Murmansk verlor.

Ich war auf den Schroffen der Rudolfsinsel also tatsächlich am nördlichsten Ende der eurasischen Landmasse, von dem der Eisbrecher *Yamal*, dessen Name *Das Ende der Welt* bedeutet, dann eine donnernde Spur bis an den Nordpol zog. Auf meiner Floßfahrt dagegen, im Geflüster von Lesenachbarn, die an ihren Tischen in durch

Kriege oder Pogrome außer Kraft gesetzten Urkunden und längst überholten Regionalkarten nach einer verlorenen Heimat, Wasserrechten oder vergessenen Ortsnamen suchten, war ich noch weiter, viel weiter gedriftet, über geographische Grenzen hinaus bis an das wahre Ende der Welt. Denn auf meinem Floß folgte ich den Lebensläufen meiner Entdecker bis zu deren Tod.

1915, in jenem Weltkriegsjahr, in dem Julius Payer starb, trugen die Felder Galiziens und die Wiesen Flanderns schon die Buckel der Massengräber, an den Masurischen Seen Preußens, in Elsaß-Lothringen, in der Champagne, in Serbien, im Kaukasus oder am Isonzo – überall lagen Erschlagene, als man den *Kommandanten zu Lande* in Wien an sein Ehrengrab trug.

Wie still, wie sanft und lichtdurchflutet mußte in diesem Sommer 1915 die Abgeschiedenheit des Franz-Joseph-Landes wohl gewesen sein; die Felswände, die Küsten und Gebirge ohne Kriegslärm, die Gletscherabbrüche wie aus Jade oder Lapislazuli und die dunklen Kaps gefiedert von Möwenschwärmen und Alken.

Vielleicht, so hatte ich hoch über den schwarzen Bäumen des Burggartens das Journal meiner Driftfahrt geschlossen, vielleicht hat Julius Payer in den letzten Tagen seines Lebens, gelähmt von einem Schlaganfall, unfähig, auch nur den Namen irgendeines neuen oder uralten Landes auszusprechen, und umtost von einer weltumfassenden, tödlichen Liebe zum Vaterland, erkannt, daß, was er im menschenleeren Frieden der Hocharktis kartographiert hatte, doch – ein Paradies war.

Sarah Rotblatt, Schönheitskönigin

Marathonläufer, Hochspringer, Ringer, auch eine Speerwerferin, die ihre Lanze gegen aufziehende Gewitterwolken zu schleudern schien – der greise Fotograf zog immer weitere Bilder von Wettkämpfern und Athletinnen, matt glänzende Silberjodidabzüge, aus vor ihm liegenden Mappen und Schachteln und legte sie nebeneinander, schließlich übereinander auf den großen Eßtisch seines Wohnzimmers, als wollte er eine Tafel mit olympischen Erinnerungen decken.

Es war ein kalter Märzmorgen in Wien. Draußen schliff ein scharfer, mit Eiskristallen versetzter Wind symphonische Geräusche von den Stuckfassaden, Giebeln und Dachvorsprüngen, aber im Dämmerlicht der weitläufigen Altbauwohnung des Fotografen blieb es still:

Nach der Winterdunkelheit schmerze ihn das grelle Vorfrühlingslicht in den Augen, deshalb ziehe er die Vorhänge nur einmal am Tag zurück, am Morgen, wenn er alle Fenster zu einer Stoßlüftung öffne, sagte der Fotograf und legte das Bild eines Boxers auf das eines Turmspringers, der sich gerade vom Trampolin gelöst hatte und nun für immer über dem glatten, schwarzen Wasserspiegel eines toten Arms der Donau schwebte.

Vielleicht waren es die hellen, oft weißen Dressen der auf Schwarzweißfotografien gebannten Teilnehmer an längst vergessenen Sportfesten, vielleicht auch die hoch über diesem und jenem Wettbewerb dahindriftenden weißen Wolken eines über Stadien, Schwimm- und Aschenbahnen ausgespannten Himmels, die das durch die verhängten Fenster der Wohnung sickernde Frühlingslicht reflektierten und so den Eindruck entstehen ließen, es seien in Wahrheit die auf dem Tisch ausgelegten Fotografien, die diese dämmrige Zuflucht in der Wiener Innenstadt erhellten: Lichtbilder.

Wie viele von diesen Bildern waren nicht schon auf Plakaten und in Galerien und Ausstellungen gezeigt worden, in Bildbänden und immer wieder auf den Titelblättern von Zeitungen, an deren Namen sich nun nur noch Archivare erinnerten. In den unruhigen Jahren zwischen den bisher größten und blutigsten Kriegen der Weltgeschichte hatte der greise Fotograf zu den berühmtesten seines Standes gehört. Aber jetzt, in diesen kalten Märztagen, war auch sein Name beinah vergessen: Lothar Rübelt. Vergessen, sagte er, ihm erscheine selbst der eigene Name als der eines Vergessenen. Er sei eben zu einem Mann der Vergangenheit geworden, vergangen wie die meisten Menschen seiner Generation und vergangen wie alle, die er in den triumphalsten Posen ihres Lebens mit seiner Leica aus der Zeit herauszuheben und für eine bedrohliche Zukunft festzuhalten versucht habe.

Ich war in diesen Tagen auf den Namen des Fotografen und seine Adresse an der Wiener Wollzeile gestoßen, weil ich auf der Suche nach Bildern aus der *Zwischenkriegszeit* war: Dieser Fotograf, hatte man mir gesagt, dieser Fotograf, wie hieß er doch gleich, sei zwar vor allem als Chronist sportlicher Wettkämpfe berühmt geworden, habe aber neben den Aufmärschen von Athleten und Fußballmannschaften auch die ersten Paraden jener Barbaren fotografiert, die sich zur Übermacht zusammenrotten und nicht nur auf Spielfeldern, sondern auch auf Schlachtfeldern siegen wollten – in Reithosen, mit nackten, von Ledergurten geschnürten Oberkörpern marschierende Nationalsozialisten, denen man das Tragen ihrer braunen Uniformen damals noch verboten hatte und die dann eben ohne Hemden und Jacken ins *Heil* marschierten. So hatte Rübelt sie fotografiert. Und er hatte auch blutige Demonstrationen und die zahllosen Kämpfe zwischen Arbeitslosen und berittener Polizei fotografiert, Bettler fotografiert, schlafende Marktfrauen, Erzgießer vor ihren glühenden Öfen und schließlich einen triumphierenden Adolf Hitler auf dem mit schwarzen Hakenkreuzfahnen dekorierten Balkon des Wiener Rathauses und auf dem von brüllenden Begeisterten schwarz wogenden *Heldenplatz* der Stadt, kurz: Der Fotograf hatte den Anfang vom Ende festgehalten, die ersten Gespenster eines Reiches, das ein Jahrtausend überdauern sollte und wenige Jahre nachdem er den Auslöser gedrückt hatte, in Feuerstürmen verglühte ... Wenn ich also nach Bildern aus der Zeit suchte, in der aller Schrecken ..., nein, nicht anfing, sondern bloß unübersehbar geworden war, dann begann ich am besten an der Wiener Wollzeile, in der Wohnung des Fotografen.

Aber, auch das war mir vor meinem Besuch gesagt worden, selbst der Fotograf sei für eine Weile vom wilden Glanz der Aufmärsche, der Fackelzüge und den Feuern einer unbesiegbar scheinenden Macht geblendet gewesen, betäubt von Glücksversprechen und gebrüllten Schwüren, alles Elend für immer aus der Welt zu schaffen … Und hatte nicht auch er dem Führer in den Untergang einmal, wenn auch nur ein einziges Mal, zugejubelt?, dem Ende einer ganzen Welt zugejubelt.

Ich saß an der mit Bildern überfluteten Tafel und nahm mir vor, solche und ähnliche Fragen diesem so schmal, ja zerbrechlich erscheinenden, gastfreundlichen Greis später zu stellen, später, nur diese eine Mappe noch, nur diese eine Schachtel.

Und der Fotograf griff nach der nächsten Mappe, hier …, die Schmetterlingsschwimmer am Donaukanal, es sei ein brütendheißer Tag gewesen, und hier, das Rennen auf der Hochalpenstraße, Spuren im Schnee.

Vielleicht war es Zufall, aber plötzlich fielen, wie Trümpfe in einem offenen Kartenspiel, vier oder fünf Fotografien aus der Mappe und blätterten auf den Flor des Teppichs. Dort waren jetzt schlafende Marktfrauen zu sehen, ein brennender *Justizpalast* – und das Bild einer nächtlichen, wie eine Filmkulisse strahlend erleuchteten Tankstelle: Ich hob das Foto vom Boden auf und legte es auf das eines Olympioniken.

Vor den runden, polierten Zapfsäulen stand ein chromfunkelndes Kabriolett, in dem eine in nachlässiger Eleganz in einen breiten, seidig schimmernden Schal gehüllte Frau sich wie gelangweilt von den Mühen eines uniformierten Tankwarts ab- und ihrem Taschenspiegel zuwandte. Vielleicht würde sie im nächsten Augenblick ihrem Mund mit einem Lippenstift einen noch sinnlicheren Schwung geben und sich später, während der Tankwart in seiner fleckenlosen Uniform vom Fahrtwind zerschmetterte Nachtfalter von der Windschutzscheibe schabte, die Füße vor einer hell erleuchteten Glasfront vertreten, als schreite sie über einen Laufsteg.

… die Schönheitskönigin, sagte der Fotograf, die damalige Wiener Schönheitskönigin – und nannte einen Namen, den ich Stunden später wieder vergessen hatte und auch in meinen Gesprächsnotizen nicht mehr wiederfand; ein Schnappschuß. Er sei an diesem Abend wegen eines Kettendefektes an seinem Motorrad zufällig auch an dieser Tankstelle gewesen und habe auf einen befreundeten Mechaniker gewartet.

Der Greis hatte Mühe, sich zu bücken. Ich las die restlichen Bilder vom Teppich und reichte sie ihm über den Tisch, obenauf eines, das in der Sammlung olympischer Fotos noch fremder als das der Schönheitskönigin erschien: Es war das Porträt einer lächelnden jungen Frau. Auch ihr Mund schimmerte vom Lippenstift; eine Locke ihres offenen, dunklen Haares fiel ihr in die Stirn und konnte doch den Glanz ihrer Augen nicht überschatten – keine Schönheitskönigin, sondern eine Schönheit.

Und die?, fragte ich, wer ist das?

Wie bei allen anderen Bildern mußte der Fotograf auch jetzt nicht nachdenken, als er *Sarah Rotblatt* sagte.

Sarah Rotblatt, nur den Namen, dazu keine Sportart, keinen Titel, den Namen aber so bestimmt, als sollte damit auch klarwerden, daß, was immer er von dieser Frau wußte, ihr Name alles war, was er sagen wollte.

Sarah Rotblatt. Wie schön sie selbst gegen die seidige Eleganz der Königin in ihrem Kabriolett erschien. Hatte sie sich jemals zur Schau gestellt?, für den Fotografen posiert?

Der Fotograf schwieg, steckte das Bild in die Mappe zurück. Sarah Rotblatt schien in jenem Augenblick, in dem er sie *festgehalten* hatte, an irgendeinem Tag zwischen zwei Weltuntergängen, nichts geahnt zu haben von dem, was ihr und denen bevorstand, die zu ihr gehörten. Wenn sie etwas ahnte, dann zeigte sie es nicht. In ihren Gesichtszügen war keine Spur von Unruhe, Angst zu entdecken, ja, sie schien nicht einmal den Fotografen bemerkt zu haben und lächelte offensichtlich jemandem zu, der sich außerhalb des Blickwinkels der Kamera befand. Auch das ein Schnappschuß, sagte der Fotograf.

Und plötzlich begannen das Bild der von Chrom und Eleganz funkelnden Tankstelle mit einer eben vorgefahrenen, gelangweilt wartenden Schönheitskönigin und das Porträt einer lächelnden Frau, die sich nichtsahnend vor nichts zu fürchten und allein ihr Glück zu erwarten schien, sich zu überlagern, Namen und Zeiten und Schatten flossen aus einem ins andere Bild über, flossen ineinander – und ich beugte mich über das chromblitzende Kabriolett und die polierten Zapfsäulen und sagte: *Die Schönheitskönigin Sarah Rotblatt fährt an einer Tankstelle vor.*

Ich weiß nicht, ob der Fotograf mich verstanden hatte oder, gefangen in Erinnerungen, über die er nicht mehr sprechen wollte oder sprechen konnte, bloß abwesend nickte. Aber er sah über das Bild hinweg und nickte.

Mädchen im gelben Kleid

Es war an einem gewittrigen, aber noch windstillen Januartag, an dem ich ein barfüßiges Mädchen von sechs, vielleicht sieben Jahren in einem löwenzahngelben, in streifige Fetzen gerissenen Kleid auf einer von Schlaglöchern durchschossenen Landstraße im Gebiet der ostafrikanischen Virunga-Vulkane sah. Das Mädchen schleppte einen großen Wasserkanister, der offensichtlich so schwer war, daß die Kleine ihn nur mit beiden Händen und zwischen ihren dürren Beinen pendelnd Schritt für Schritt voranbringen konnte. Auch wenn sie manchmal versuchte, den Schwung der Pendelbewegung ihrer Last für den nächsten Schritt zu nützen, mußte sie das Gewicht nach wenigen Metern doch immer wieder abstellen, mußte Atem schöpfen, um den Kanister dann mit einem Seufzer wiederaufzunehmen. Trotzdem hob sie in einer dieser Atempausen den Kopf und winkte einer kleinen, im Schatten einer staubigen Akazie mit einer Reifenpanne beschäftigten Gruppe auf der gegenüberliegenden Straßenseite zu und lächelte. Winkte uns zu. Uns Europäern. Uns Weißen.

Ich war in diesen Januarwochen gemeinsam mit meiner Frau und Freunden aus Südtirol in einem überladenen Geländewagen in der Grenzregion zwischen Uganda, Ruanda und dem Kongo unterwegs, um einige weit in den Regen- und Nebelwäldern des Ruwenzori-Gebirges verstreute Berggorillaclans zu beobachten. Eine ruandische Primatenforscherin hatte uns diesen Weg ins Gebirge ermöglicht und wollte uns führen. Die Mitglieder *ihrer* Gorillaclans waren durch jahrzehntelange Bemühungen von Zoologen und Verhaltensforscherinnen wie etwa der Kalifornierin Dian Fossey durchaus nicht gezähmt, durchaus nicht domestiziert, aber doch in einem Ausmaß an das gelegentliche Erscheinen von Menschen gewöhnt worden, daß von der Wildnis und den Dramen der Tierwelt gebannte Afrikareisende wie wir sich ihnen im günstigsten Fall bis auf eine Armlänge nähern konnten, ohne dabei wesentlich mehr zu riskieren als ein Mensch, der ein Pferd oder einen Jagdhund streicheln will.

Gefährlicher, viel gefährlicher als ein etwa zweihundert Kilogramm schwerer Gorilla, der seinen Clan als *Silberrücken* führte und beschützte, waren auch in diesen Januartagen und wie immer die Menschen: Wilderer im Sold reicher Trophäensammler, Straßenbauer oder Landerschließer, denen der Urwald entweder eine bloße Tropenholzreserve war, exotischer Baugrund für Hotels und Resorts oder einfach ein Hindernis, das aus dem Weg gesägt, gebrannt oder gesprengt werden mußte. Wie vor ihr und nach ihr noch andere Freunde der Gorillas war auch Dian Fossey solchen Herren der Wildnis unter nie geklärten Umständen zum Opfer gefallen: Sie wurde mit eingeschlagenem Schädel vor ihrer Hütte in jener Hochwaldregion gefunden, die wir in den kommenden Tagen durchwandern wollten.

Das Mädchen im gelben Kleid schien seinen Kanister trotz des quälenden Gewichts in die Unendlichkeit schleppen zu wollen: Die Straße durchschnitt im aufkommenden Wind wogende Papyrusfelder wie in alttestamentarischen Tagen vielleicht der Fluchtweg der Israeliten das Rote Meer, das sich zur Linken und Rechten der ins Gelobte Land Ziehenden zu Wassermauern erhob. Der ferne Horizont war von dunklem Urwald gezähnt, dahinter lag ein von zahllosen Seen schimmerndes Hochland, aus dem wir an diesem Morgen aufgebrochen waren. Wir hatten auf diesem Abschnitt unserer Route und bis das Hinterrad mit einem Knall alle Luft verlor und unser Gefährt ins Schleudern geriet, keine Dörfer gesehen, nur vereinzelte, mit Stroh oder Wellblech gedeckte Hütten, auch keine Strommasten. Eine Abzweigung, die zu irgendeinem Ziel des Mädchens führen mußte, war uns offensichtlich entgangen. Oder schleppte die Wasserträgerin ihre übergroße Last tatsächlich in die Unendlichkeit?

Neben dem von Wolkenbrüchen unterspülten Straßenrand, von dem sich jetzt aber nur Staubfahnen erhoben und gleich wieder hinlegten, verlief – als eindrucksvollstes Zeichen zivilisatorischer Bemühungen in dieser dürren Verlassenheit – ein mindestens fünfzehn, vielleicht zwanzig Zoll starkes Wasserrohr in die hitzeflirrende Weite, in der sich diese Leitung, durch die ganze

Seen oder Flüsse dahinrauschen mußten, schließlich fadendünn im Papyrus verlor.

Solche Rohrsysteme, soviel hatten wir schon in den ersten Tagen unserer Fahrt durch Uganda und Ruanda gesehen, führten auf französische, englische oder amerikanische Ananas-, Kakao-, Kaffee- oder Teeplantagen oder die im Wind nickenden Tulpenfelder holländischer Blumenzüchter, aber niemals in die Dörfer der Menschen, die sich auf solchen Plantagen und Feldern abmühten. Die holten ihr Wasser von trüben Quellen und schleppten es in Kanistern oder auf dem Kopf balancierten Plastikwannen an Feuerstellen, an denen jeder Schluck gekocht werden mußte, wenn er nicht zur Quelle einer Vielzahl von Krankheiten werden sollte.

Diese Papyrusfelder! Der raschelnde, wispernde Klang dieser Felder … Während wir uns mit einem verbogenen Kreuzschlüssel an vom Rost festgebackenen Schraubenmuttern abmühten und den fehlenden Druck im Reserverad hochzupumpen versuchten, stellte ich mir Schriftrollen von der endlosen Länge dieser Straße vor, die aus dem Papyrus gewonnen werden könnten, Rollen, auf denen die wahre Chronik dieses Kontinents erst noch geschrieben werden müßte. War denn nicht zumindest die jüngere Geschichte Afrikas immer auch eine Geschichte Europas gewesen? Ebenso wie die Geschichten Asiens und Ozeaniens und Indonesiens und die beider Amerikas und selbst die der Südsee immer auch eine Geschichte des europäischen Auftritts gewesen waren.

Wohin immer ein Afrikareisender sich auf diesem Kontinent wandte, selbst wenn er nur unterwegs war, um weiße Nashörner, Elefanten, Hyänen oder Leoparden zu bestaunen (oder zu jagen) – mußte er auf die Spuren Europas stoßen, auf eine zertrampelte Bühne der Grausamkeit, dazu aber auch: auf Quellgebiete des europäischen Reichtums. Ohne die hier geschürften Erze und seltenen Erden, ohne die Gold- und Silber- und Diamantminen und unzähligen anderen Bodenschätze, ohne die hier eingebrachten Ernten, ohne die Arbeitskraft von Abermillionen Sklaven und Billigstlohnarbeitern wäre Europa wohl bis zum heutigen Tag noch längst nicht jenes Paradies, als das es in jenen Flüchtlingsströmen ersehnt und bewundert wird, die auf den Schlachtfeldern von europäisch mitverschuldeten Kriegen und Elends- und Dürregebieten entspringen.

Europa hat die Rechnungen für seine durch Jahrhunderte unternommenen Raubzüge quer über alle Kontinente dieser Erde nie bezahlt, ja hat die von sogenannten Entdeckern und kolonialen Armeen angerichteten Verwüstungen stets so lange geleugnet, bis der Gestank aus den Massengräbern nicht mehr zu ertragen war. Natürlich gab es auch in den Jahrhunderten vor dem Einfall europäischer Horden lokale Mordbrenner, Wucherer und Handelsgesellschaften, Stammeskriege, Sklavenmärkte, Grausamkeit und Gier, aber erst durch die Abgesandten aus den vermeintlichen Zentren der Kultur – aus Spanien, Frankreich, den Niederlanden, England, Portugal, Deutschland … – wurden Sklaverei und Völkermord zum Instrument einer geradezu apokalyptischen Geschäftspraxis. Selbst der als *Schlächter von Afrika* in die Geschichte der Barbarei eingegangene ugandische

Diktator Idi Amin Dada hatte sein Handwerk als Offizier der britischen Kolonialarmee gelernt, bis er sich neben seinen militärischen Rängen *Sergeant-Major* und *Warrant-Officer* auch den Titel eines *Herrn aller Tiere der Erde und aller Fische der Meere* zulegte und mehr als vierhunderttausend Untertanen töten ließ.

Wo immer europäische Missionare und Landräuber erschienen, suchten und fanden sie nicht nur Kollaborateure und Erfüllungsgehilfen vor Ort, sondern deformierten sie ganze Regionen, ihre Kultur und ihre Traditionen bis zur benötigten Mißgestalt, zogen Grenzen mit dem Lineal quer durch Sprachräume und Stammesgebiete und schufen so alle Grundlagen künftiger, noch weit über die Befreiungen von den jeweiligen Eroberern hinausreichende Feindschaften und Bürgerkriege.

Wie besänftigend war es doch, im Ruwenzori-Gebirge eine einzige zuversichtliche, freundliche Stimme auf dem Weg durch die Erinnerung zu hören – in jenem Regenwald, in dessen nebelige Höhen uns die ruandische Zoologin führte, nachdem wir unser Gefährt wieder flottgemacht und trotz einiger Warnungen, in der Gegend von Kasese wüte ein Stammes- und Bürgerkrieg, der in den vergangenen Wochen fast hundert Tote gefordert hatte, ins tiefe, tropfende Grün hochgestiegen waren.

Natürlich hatten wir vor unserer Weiterfahrt dem Mädchen im gelben Kleid angeboten, sie und ihre Last ans Ziel zu bringen. Aber sie hatte sich, bis wir unser Fahrzeug wieder bestiegen, mit ihrem Kanister schon ein Stück weitergekämpft und drehte sich auf unseren Zuruf nur kurz um. Sie wollte nicht. Wer die Weißen nicht fürchtet, sagte ein Wildhüter Stunden später am Ausgangspunkt unseres Weges ins Gebirge, wer die Weißen nicht fürchtet, der kennt sie nicht.

Niemand, dämpfte die Zoologin unsere Erwartungen, niemand könne mit Sicherheit sagen, wo die Gorillaclans sich auf ihrer Nahrungssuche gerade aufhielten. Vielleicht würde also dieser Tag für unsere Suche nicht ausreichen. Aber nach Stunden des Aufstiegs, in Regengüssen und über schlammige Steilhänge, hielt sie plötzlich inne und legte einen Finger auf ihren Mund. Wir waren angekommen: Als sie einen dichtbelaubten Zweig zur Seite und aus unserer Sicht bog, standen wir kaum drei Meter entfernt vor der größten Affenart dieser Welt, einem Silberrücken.

Der Gorilla saß ruhig da, rupfte weiter Blätter von dem Zweig, blickte uns an und wandte seinen Blick nicht von uns, als wir vor ihm auf die Knie sanken. (Wir konnten ihn kniend einfacher fotografieren.) Und nach und nach zeigten sich vier, fünf, schließlich neun Mitglieder des Clans, die bis dahin ebenso unsichtbar im Buschwerk verborgen gewesen waren wie der erste und größte von ihnen.

Wie lange, wie lange! hatten wir in den Tagen davor in einer Wildhüterstation die sanften, an ein melodisches Grunzen oder ein tiefes, menschliches Räuspern erinnernden Laute geübt, die unter Gorillas als Zeichen des Vertrauens und freundlichen Interesses galten. Und wir auf unseren Knien, nachdem unser Herzschlag sich beruhigt hatte und wir zu dem Silberrücken mehr wie Untertanen als Besucher aufsahen, versuchten, die Lehren der

Wildhüter anzuwenden und grunzten und knurrten und räusperten uns im Bemühen, die Sprache unseres Gastgebers zu imitieren und ihm unsere friedlichen Absichten mitzuteilen.

Wir sollten unsere Bergstöcke in den Busch legen, flüsterte unsere Führerin, Gorillas, selbst wenn sie noch nie unter der Jagd gelitten hätten, seien durch ihre Überlieferung gewarnt und sahen Stöcke als Gewehre.

Gewiß hörte der Silberrücken unseren unbeholfenen, europäischen Akzent, den Akzent jener hellen, wässrigen Wesen, die seinesgleichen gejagt, erschossen und geköpft, die teerschwarzen Hände abgehackt und als in Salz gelegte Trophäen in ferne Hauptstädte der Kultur exportiert hatten, um sie dort präparieren zu lassen und an die Wände muffiger Landsitze zu nageln.

Aber dieser Gorilla, während seine Gefährten sich knackend und raschelnd wieder ins Dickicht zurückzogen, hörte unserem Grunzen fast nachsichtig zu. Sah uns an, so lange und so tief hinab in unsere Seelen – oder was immer Europäer in der Brust tragen –, daß wir mit einem Mal ganz die Seinen waren. Und er zupfte mit seinen großen Händen langsam ein zierliches Blatt vom Zweig und noch eines und führte es zum Mund und erhob, nein: senkte plötzlich seine Stimme und ließ uns jenen Laut hören, den wir vergeblich nachzuahmen versucht hatten. Er räusperte sich. Er grunzte sanft. Und das bedeutete, so hatten wir es von den Wildhütern gelernt: *Es ist gut. Alles ist gut.*

Arznei gegen die Sterblichkeit

Versuchen wir das Unmögliche und versetzen uns in einen mehr als eine Million Jahre zurückliegenden spätherbstlichen Nachmittag der Altsteinzeit im südafrikanischen Bergland. Im Schatten einer Felswand, so hoch, daß wir den Kopf in den Nacken legen müssen, wenn wir dem Flug der über die Abbruchkante dieser Wand hinaussegelnden Wolken folgen wollen, glosen die Reste eines unter weißer Asche begrabenen Feuers. Erst in der abendlichen Kühle nach Sonnenuntergang, frühestens aber zur sehnlich erwarteten Rückkehr der Antilopenjäger, soll das Feuer wieder entfacht werden.

Vor der Feuerstelle sitzt ein halbnackter Mann, sein Körper ist von Narben übersät, er wird umringt von Frauen und Kindern und erzählt, was den vor drei Tagen aufgebrochenen Jägern möglicherweise widerfahren ist, was sie getan, erlebt, gesehen haben – möglicherweise, denn die Erzählungen des Narbenmannes, das wissen seine Zuhörer längst, führen nicht bloß in die Labyrinthe der Wirklichkeit, sondern immer auch in das bloß Mögliche, in die Vergangenheit wie in die Zukunft. Denn was ist, ist niemals alles.

Zwei der Frauen, die sich ihm jetzt wieder zuwenden, haben Gazellen und Springböcke mit Kohle an einige von Wasser, Sand und Wind glattgeschliffene Flächen der Felswand gezeichnet – wie von Kometenschweifen gehörnte Strichwesen –, um die Seelen und den Zorn der mit Keulen und Speeren getöteten Beute zu bannen und sie davon abzuhalten, den Clan heimzusuchen.

Der Erzähler weiß, wovon er spricht. Noch vor wenigen Jahren hatte er die Täler und ferne Savannen noch selber mit den Jägern durchstreift, aber seit er bei der Verfolgung einer Antilope in eine von dornigem Gestrüpp überwucherte Felsspalte gestürzt ist und sich dabei beide Beine mehrmals gebrochen hat, ist ihm nur noch die Verwandlung von allem, was war und geschah, in Laute, in Worte geblieben. Er begann zu erzählen. So konnte er für den Clan, der ihn auch nach seinem von bösen Vorzeichen angekündigten Unglück nicht verstieß, nützlich bleiben. Denn daß er vor seinem Sturz für Nahrung und Kleidung gesorgt, eine Höhle bewohnbar gemacht, Feuersteine geschlagen, Nachwuchs großgezogen und das Tal gegen die Gier fremder Horden verteidigt hat, hätte nicht ausgereicht, um ihm auch als Krüppel Schutz, Kleidung und Nahrung zu bieten.

Das einzige Tauschmittel, mit dem er nun für menschliche Gesellschaft bezahlen kann, ist der Brückenschlag von den Dingen und Gestalten des Lebens über den Abgrund der Sprachlosigkeit hinweg in das Reich der

Laute, des Flüsterns, des Schreiens und der Worte. Ein kostbarer Gegenwert, ermöglicht er damit doch jedem, der den in seinen Geschichten ausgelegten Fäden folgen will, sich nicht nur über seinen gegenwärtigen Ort, sondern selbst über den unbesiegbaren, alles vernichtenden Lauf der Zeit zu erheben und sich an vergangenen oder zukünftigen Schauplätzen des Daseins umzusehen, in den Kulissen der Vorstellungskraft, in denen er leibhaftig niemals war und niemals sein wird.

Arznei gegen das Zugrundegehen, Kraut gegen die Sterblichkeit hat eine der Frauen, deren Fingernägel rissig und schwarz vom Kohlenstaub sind, mit dem sie flüchtende Antilopen auf dem Fels erscheinen ließ, die Erzählungen des Narbenmannes genannt – eine Arznei wirksamer als Distelsamen und weiße Tonerde gegen die Fieberglut und wirksamer selbst als die blutstillenden Tropfsteine aus den Höhlen des Winterquartiers. Denn wer in eine Erzählung aufgenommen wurde, der konnte selbst dann noch jagen, lieben, lachen oder kämpfen, wenn Käfer, Würmer und Aasvögel seine Knochen längst von allem Fleisch befreit hatten oder sein gebleichter Schädel von einem aus dem Dickicht hervorgebrochenen Feind zu den Splittern einer Regenrassel zerschlagen worden war. Wer vom Narbenmann ins Reich der Vorstellung geführt wurde, der durfte von Generation zu Generation in die Vergangenheit und in die Zukunft wandern und in einem Nest, in dem ansonsten nur in Baumharz eingeschlossene Insekten, Steine oder zu Stein gewordene Schnecken überdauerten, gewiß nicht für immer bleiben, aber zumindest länger als jedes atmende

Wesen. Und er war dort weder von Keulen noch von Speeren oder Stoßzähnen zu verwunden.

Versuchen wir also das Unmögliche und versetzen uns an einen leicht bewölkten frühherbstlichen Nachmittag des einundzwanzigsten Jahrhunderts und dort in den festlich erleuchteten Saal eines barocken Rathauses irgendwo in der Mitte des europäischen Kontinents. Der unter vergoldetem Stuck schimmernde Saal faßt, sagen wir, etwa dreihundert Menschen und ist zwar nicht bis auf den letzten Platz, aber doch gutgefüllt. Die von kaum hörbaren Ventilatoren bewegte Luft hat in manchen ihrer Wirbel den Duft parfümierter Frauen in Abendkleidern angenommen, und auf einer mit weißen Lilienbuketts geschmückten Bühne macht sich neben einem Rednerpult ein ganz in Schwarz gekleidetes Kammerensemble bereit, den berühmten und vielbeweinten zweiten Satz des Schubert-Streichquintetts in C-Dur, der vielen Zuhörern bereits bei der Lektüre des Programms im Ohr zu klingen begann, aufzuführen. Der Komponist hatte diese Musik nie gehört. Er starb nur zwei Monate nach der Niederschrift seines Quintetts, aber heute soll sein Werk noch einmal daran erinnern, daß ein Klang, ein Wort oder eine bloße Strichzeichnung seinen Schöpfer für Jahrhunderte überdauern können. Der wieder und wieder zu Herzen gehende, für feierliche Anlässe wie diesen wie geschaffene zweite Satz wird heute zwei Ansprachen, eine Lobrede und eine Dankesrede sowohl voneinander trennen als auch miteinander verbinden. Schubert!, flüstert eine mit Zuchtperlen geschmückte Dame in der ersten Reihe einer ähnlich dekorierten Sitznachbarin seufzend zu, ach, Schubert!

Der Lobredner hat soeben seinen Platz wieder eingenommen und ist noch zu aufgewühlt von der mit seinem Auftritt verbundenen Nervosität, um sich den einsetzenden tieftraurigen Klängen hinzugeben. Aber er hält die Augen geschlossen, um zu zeigen, daß er doch ganz im Inneren der Musik ist. Ein in seiner Rede für Romane oder Dramen oder Gedichte oder Kurzgeschichten hochgelobter Erzähler zwei Plätze links von ihm – einige Zuhörer haben schon wieder vergessen, welchem literarischen Verdienst die preisenden Worte galten – wird nach dem Verklingen der Musik einen Preis, der nach einem vor vierhundert Jahren verstorbenen Dichter benannt ist, entgegennehmen – eine Urkunde, eine versilberte Medaille im blauen Samtetui, vor allem aber einen Scheck, der, so erinnert sich der Hochgelobte an den ersten Augenblick der Benachrichtigung von seinem Glück, bedauerlicherweise nicht über eine etwas höhere Summe ausgestellt worden war. Die Auflagen waren schließlich nicht mehr, was sie einmal waren.

Der Hochgelobte sitzt in der von den Randgängen exakt abgezählten Mitte der ersten Reihe auf dem Ehrenplatz neben dem Bürgermeister, an dessen Brust die Kette seines Amtes glänzt. Der Hochgelobte ist von Narben übersät, trägt nur ein Fell um die Hüften und stützt seine Hände auf eine Keule, an der schwarze Tränen zu sehen sind; getrocknetes Blut? Seine Augen sind weit offen und starr wie auf eine Beute auf einen der beiden Cellisten gerichtet. Er atmet flach, kaum merkbar, ein Jäger.

Was immer er zum Dank sagen wird, jeder Satz, selbst die Formel *Sehr geehrte Damen und Herren* steht unverrückbar wie eine Felszeichnung in jenem einmal gefalteten Manuskript, das auf seinen haarigen Knien bereitliegt. Als er sich vorbeugt, um einen gelösten Riemen an seinen aus Gras geflochtenen Schuhen festzuziehen, sieht die Perlendame neben ihm, es ist die Frau des Bürgermeisters, den gebleichten Unterkiefer einer Antilope an einem von Fellresten borstigen Lederband um seinen Hals baumeln.

Als Schuberts magische Musik von E-Dur bis zu f-Moll, über Tremoli, Crescendi, Doppelgriffe und schneidende Synkopen, dann nahezu bewegungslos kadenzierend wieder nach E-Dur zurückgleitet und schließlich in einer kurzen, atemlosen Stille vor dem Applaus erlischt, erhebt sich Narbenmann, schreitet langsam, sehr langsam – die Schmerzen an den schlecht verheilten Knochenbrüchen kündigen einen Wetterwechsel an – die sieben Stufen zum Rednerpult hoch und beginnt lächelnd, aber ohne die geringste Verbeugung, zu sprechen.

Die dritte Luft oder Eine Bühne am Meer

Blauwale! Waren es fünf? Sieben? In Baltimore und in anderen Küstendörfern an der Roaringwater Bay und der Dunmanus Bay sprach man später sogar von einem Dutzend Blauwalen, die unter den Fontänen ihrer Atemluft und an turmhohen schwarzen Klippen vorüber dem offenen Atlantik entgegenzogen. Schwärme von Sturmvögeln folgten ihnen nach und schrieben so die Route einer schäumenden Meeresprozession an den Himmel; Albatrosmöwen, Silbermöwen, Eissturmvögel. Und dann lief dieser mit Mastschweinen überfrachtete Kutter in voller Fahrt gegen einen Wal. Schlug leck. Sank. Das Meer färbte sich rot. Seeleute schwammen in einer blutigen Brandung um ihr Leben. Schweinekadaver wurden von den Brechern gegen die Felsen geschlagen; hellrotes Strandgut an einer dunklen Küste.

Welches Publikum würde sich nicht augenblicklich von den Tragödien und Komödien, den Konzerten, Opern oder Festreden abwenden, die ihm von irgendeiner Bühne herab geboten würden, wenn keine hundert

Meter vom Orchestergraben oder einem im Wind schlagenden Bühnenvorhang entfernt der Atlantische Ozean rauschte und während der Vorstellung oder im letzten Satz einer Symphonie plötzlich Blauwale und Schiffbrüchige *draußen*, jenseits der Brandungslinie, ihrem Schicksal entgegenschwimmen würden?

Die Bühne, von der ich hier berichte, liegt hoch über den Klippen der südirischen Atlantikküste, an einer der unzähligen, von Feldsteinmauern, Stechginster und Fuchsienhecken gesäumten Straßen, die sich zwischen den Leuchttürmen von Galley Head und Irlands südwestlichstem Kap, dem Mizen Head, in tief eingeschnittenen Buchten und felsigen Hügelketten verlieren. Eine Bühne so nahe der Brandung, daß die Schauspieler, Sänger oder Dichter, die sie jemals betraten, die Stimme manchmal erheben mußten, um das Meer zu übersingen oder einfach zu überschreien. Mein Freund Eamon aus Skibbereen, der mir auch gezeigt hat, wie man ein Boot sicher zwischen Klippen verankert, wie man Hummerkörbe auslegt und bissige Katzenhaie, die in diese Körbe geraten, daraus wieder befreit, ohne sich zu verletzen, mein Freund Eamon hat mich an einem stürmischen Februartag zu dieser meilenweit von jeder Siedlung entfernten Bühne geführt. Die Wegkreuzung, an der sie liegt, heißt im südirischen Gälisch *Glaisín Álainn*. Das bedeutet *Schöne Weide*.

Glaisín Álainn war bis in die jüngste Vergangenheit und an sechs Tagen der Woche tatsächlich nur eine Viehweide mit großem Blick aufs Meer, eine gegen die Felsenküste sanft abfallende Wiese, auf der das einsame, nun verfallende Steinhaus eines Mannes namens Liam O'Shea stand. O'Shea lebte bis zum Jahr seiner Auswanderung nach Westaustralien mit zwei Kühen, vier Hirtenhunden, einem Maultier und einer wechselnden Anzahl von Schafen auf Glaisín Álainn, brannte in einem Schacht der aufgegebenen Kupferminen an der Roaringwater Bay heimlich Poteen, Kartoffelschnaps, fuhr nach solchen *Brandnächten* auf seinem Maultierkarren oft schlafend über die Dörfer und konnte zur Begleitung einer Knopfharmonika in einer fast endlosen Ballade alle Namen, Jahres- und Opferzahlen von mehr als einhundert Schiffsuntergängen an der irischen Westküste singen. Mit seinen über die Woche gestreuten *Besorgungsfahrten*, auf denen er das Neueste aus den Dörfern und von den nahen Inseln erfuhr und weitererzählte und nebenbei Bier in Flaschen, Tabak, Karamel und andere weiterverkäufliche Genüsse nach Glaisín Álainn schaffte, schien er sich aber stets nur auf jenen einen Abend vorzubereiten, an dem sein Haus zum Schauplatz wurde, zum Theater, seine Viehweide zu einem festlichen Ort.

Denn an Sonntagabenden versammelten sich auf Glaisín Álainn Bauern, Fischer, Strandgutsammler, Torfstecher, Handwerker und das irische Personal englischer Herrenhäuser – versammelte sich ein *Publikum*, das zu Fuß oder bestenfalls mit dem Fahrrad auch aus stundenweit entfernten Gehöften und Weilern West Corks kam, um hier an etwas teilzunehmen, was unter weniger bescheidenen Verhältnissen und an windstilleren Orten *Darstellende Kunst* heißt: Getanzt wurde bei Liam O'Shea! Getanzt, gesungen, Geschichten und Balladen zur Knopfharmonika oder zur *tin whistle*, einer dünnen Blechflöte, vorgetragen – das alles auf einer Bühne unter freiem Himmel, die Liam O'Shea inmitten seiner Weide aus Meersand und von den Gezeitenströmungen glattgeschliffenen Steinen gemauert hatte und zu der sein Publikum einfach *the platform* sagte.

Auf Liam O'Sheas Plattform konnte sich an einem Sonntagabend jeder aus dem Publikum vom Zuschauer in einen umjubelten Darsteller verwandeln, konnte einer, der eben noch gerührt oder lachend bloß zugehört hatte, sich nun selber erheben, zur Harmonika oder zur Blechflöte greifen und dann unter dem Applaus verstummter Sänger und Musiker zu spielen, zu singen beginnen.

Auch wenn Wind und Brandungslärm an Musikinstrumenten nur Knopfharmonika und Blechflöten zuließen, Ziegenfelltrommeln und die *uillean pipes*, eine sanft und melancholisch klingende Spielart des Dudelsacks – wenn Liam O'Shea Harmonika spielte und dazu von Schiffsuntergängen und den Segnungen des Strandguts sang, von auf den Brechern tanzenden Schweinen, von Hunderten Ballen schneeweißer Baumwolle, die wie Eisschollen in der Bantry Bay trieben, von schwimmenden Teppichen aus Orangen, Kisten voll Uhren und Messingglocken und vom Glanz versunkener Silberbarren und dem Gold spanischer Fregatten, dann meinten seine Zuhörer nicht bloß eine Knopfharmonika, sondern manchmal eine Fiedel zu hören, ja selbst die irische Harfe und andere Stimmen, die im Rauschen der Wirklichkeit auf Glaisín Álainn für gewöhnlich zu leise und deshalb nicht zu gebrauchen waren.

O'Sheas steinerne Bühne hatte kein Dach, keine einzige Mauer, die vor Wind und Regen schützte, keinen Vorhang, keine Treppe. Kaum höher als das Weideland gelegen, das sie umgab, konnte ein Künstler sie einfach betreten, indem er über Stechginster und Gras hinwegstieg – und konnte mit diesem einen Schritt doch eine ganze Welt hinter sich lassen: trat in eine Melodie ein, in eine Ballade, einen Applaus oder ein Gelächter, in dem ihm sein Leben plötzlich noch einmal neu und anders erschien, verwandelt in Töne und Worte. Dadurch wurde dieses Leben zwar nicht leichter, aber zumindest erzählbar, begreifbar – und erschien in manchen Spott- und Kampfliedern sogar veränderbar.

Schlachtgesänge und Liebeslieder, Balladen von der großen Hungersnot des vergangenen Jahrhunderts, Lieder vom Bürgerkrieg zwischen den Gefolgsleuten der irischen Republikaner Michael Collins und Eamon de Valera und selbst Walzer, wie sie in den Salons der Transatlantikliner getanzt wurden, die hell erleuchtet, so nah und so unerreichbar, an den Seezeichen vor Glaisín Álainn vorüberzogen – was immer auf Liam O'Sheas Plattform gesungen oder gespielt wurde, die Kulissen aller Tänze und Darbietungen blieben immer auch die Schauplätze der Wirklichkeit: das Meer in einem Lied aus den Hungerjahren, in denen Schiffe voll Getreide und Fleisch Irlands Reichtum nach England verbrachten, während auf den Friedhöfen Massengräber für die Hungertoten ausgehoben wurden, dieses Meer voller Kornschiffe mit geblähten Segeln – es war dasselbe dessen Rauschen bis nach Glaisín Álainn heraufdrang. Und die Klippen in einer Ballade, in der die *Lusitania* und die unsinkbare, in Belfast gebaute *Titanic* das Leuchtfeuer von Kinsale passierten und Kurs auf ihren Untergang nahmen – das waren und blieben die Klippen *dort unten*, schwarze Felsen in Sichtweite von Glaisín Álainn. Selbst der Himmel, der in so vielen Liedern angerufen wurde, war derselbe, nach dessen Sternbildern die Fischer von Glandore und Leap und Baltimore und Ballydehob ihren Kurs bestimmten und aus dem es an manchen Sonntagabenden zu regnen begann.

Auch wenn in diesem Regen oder einem plötzlich aufziehenden Sturm zumindest für einige von O'Sheas Gästen die Möglichkeit bestand, in seinem Steinhaus unterzukommen, um dort am Torffeuer das Schlimmste abzuwarten – auf Glaisín Álainn gab es zu keiner Zeit den Paravent einer bloßen Kulisse, hinter der die Wirklichkeit verschwand oder schöner erschien, als sie war. Und wenn auf der Plattform das Heimweh eines irgendwo in Amerika, Neuseeland oder Australien verschwundenen irischen Auswanderers besungen wurde und das verlassene Land dabei so grün und so unvergeßlich wie nur in der Poesie erschien, dann streckte zum Zeichen dafür, daß keine Zeile erfunden war, der Leuchtturm von Fastnet seine Lichtfinger bis nach Glaisín Álainn. Der Turm auf dem umbrandeten Felsen von Fastnet, der bei klarem Wetter auch tagsüber von O'Sheas Weide aus sichtbar blieb und in manchen Balladen und Liedern nur *Die Träne Irlands* hieß, weil jedes Auswandererschiff, das aus dem Hafen von Cork mit südwestlichem Kurs auslief, bei Fastnet die offene See gewann. Erst wer diesen schwarzen Felsen mit seinem Leuchtturm aus der Sicht verlor, hatte Irland aus den Augen und oft für immer verloren.

Der Leuchtturm von Fastnet war auch an jenem Februartag zu sehen, an dem ich meinen Freund Eamon zum ersten Mal nach Glaisín Álainn begleitete, um Hummerkörbe zu holen. Es war ein Montag, und vor O'Sheas verlassenem Haus lag zwischen regennassen, grasenden Kühen ein Boot auf der Weide; Eamons Boot, das er noch jedes Jahr vor den ersten Winterstürmen aus dem Hafen von Castletownshend und dann über die Hügel bis nach Glaisín Álainn gezogen hatte, um es auf dieser Weide zu verankern, im Gras, das in West Cork auch während der kältesten Jahreszeit grün bleibt und schneefrei.

Anfang Februar, wenn in den Gärten der umliegenden Gehöfte die Kamelienbäume zu blühen beginnen, verschwinden die vor Glaisín Álainn aus der Brandung ragenden Klippen und unbewohnten Inseln manchmal hinter ungeheuren Vorhängen weißer Gischt. Dann rollt der von spätwinterlichen Weststürmen gepeitschte Atlantik mit aller Gewalt gegen die Küste, steigen zwanzig und dreißig Meter hohe Wasserwände an lotrechten Felsen empor, bersten unter Donnerschlägen und stürzen in vielarmigen Kaskaden in ein brodelndes Chaos zurück. Bei solchem Seegang suchen die Kühe auf O'Sheas Weide im Windschatten hinter Eamons Boot vor dem Gischtregen Schutz, der, von den Böen meilenweit landeinwärts geweht, das Gras salzig werden läßt. Selbst ein kräftiger Mann hätte an Sturmtagen Mühe, sich in den Windstößen auf der Plattform aufrechtzuhalten. Jeder

Ton eines Gesanges, jedes Wort, jeder Schrei würden augenblicklich untergehen in einem die ganze Küste bis in ihre dunkelsten Höhlungen und Buchten hinein erfüllenden Tosen.

Im Winter, sagte mein Freund Eamon und zerrte ineinander verhakte Hummerkörbe aus der Ladeluke seines Bootes, im Winter habe ein Vorhang aus Regen und Gischt die Bühne von Glaisín Álainn geschlossen. Dahinter habe sich alles Theatralische, alles Tanzen und Festliche in bloße Geschichten, in Tratsch und Erzählungen verwandelt, die am rußigen Feuer in O'Sheas Haus manche Sonntagabende doch wieder so lang und so kurzweilig wie im Sommer werden ließen. Natürlich gab es auch an diesen Abenden Musik, Harmonika, Blechflöten, Lieder, aber kaum Tanz. Es war, als würde in den Winterstürmen so etwas wie das Repertoire, das Gedächtnis der Plattform erneuert, als müßte sich die Bühne vom Getrampel sommerlicher Auftritte erholen, um, vom kalten Regen und der Gischt blankgespült, an irgendeinem Sonntag nach dem Saint Patrick's Day im März wiedereröffnet zu werden.

An den Sonntagabenden im Winter, während der Druck der Böen den Rauch durch den Kamin manchmal in O'Sheas Stube zurückstieß und Erzählern wie Zuhörern die Augen vom Ruß tränten, waren es oft die Verschwundenen, die Ausgewanderten und die Toten, die in Geschichten und Liedern wiederkehrten – die Toten der großen Hungersnot, die in Amerika oder Australien Verschollenen, die Getöteten all dieser *Bloody Fridays* und *Bloody Sundays* der Kämpfe gegen England und des Bürgerkriegs, die Ertrunkenen jener Fregatten, Frachter und Tanker, deren geborstene Wracks bei ruhigem Wasser draußen, vor den Klippen von Glaisín Álainn, als Schatten in der Tiefe zu sehen waren.

Mehr als eine Million Tote in den Jahren der Hungersnot, sagte mein Freund Eamon, und Millionen von Ausgewanderten. Und alle diese Wracks dort draußen! Seit dem Mittelalter mehr als zweitausend in der Chronik der Untergänge verzeichnete, vor der irischen Küste gesunkene Schiffe ... So viele Geschichten und Songs könnten doch von allen Dichtern und Sängern dieser Welt nicht erzählt und nicht gesungen werden, um alle in Verlustlisten und Zahlenkolonnen verborgenen Dramen und Tragödien dem Gedächtnis der Menschheit zu bewahren. Was aber könne in einer Geschichte, auf einer Bühne, denn Größeres getan werden, als daran zu erinnern, was die Menschen sich selbst und einer dem anderen angetan hätten, daran zu erinnern, wozu diese Menschen in ihrem Glück und in ihrem Elend fähig seien und was ihnen also auch in Zukunft noch winken oder drohen werde?

Natürlich jubelte oder weinte auch das Publikum von Glaisín Álainn nicht bloß über *Darstellungen*, sondern vor allem über die wachgerufenen, wachgesungenen Erinnerungen an das eigene, das wirkliche Leben. Auf Liam O'Sheas Plattform und an den Abenden in seiner rußigen Stube wurde, wie auf anderen Bühnen auch, nicht die Geschichte der Welt, wohl aber die einiger ihrer Bewohner erzählt, die dann zum Beispiel für das Schicksal der vielen anderen werden konnte:

Die Geschichte von John Ford aus Ballinascarthy, der dem irischen Elend nach New York entkam und dessen Sohn Henry sein Glück in Maschinen und Motoren fand … Die Geschichte von Lieutenant Coghill aus Castletownshend, der in englischen Diensten von den Speeren der Zulus durchbohrt und geschmückt mit dem Victoriakreuz begraben wurde … Die Geschichte der Wracktaucher von Crookhaven, die in der Dunlough Bay nach Silberbarren tauchten und die Tiefe so übersät mit Wrackteilen und Schiffsrümpfen fanden, daß kein unberührter Fleck Meeresgrund zu sehen war … Die Geschichte vom Knochenschiff, das vor Galley Head auf die Klippen lief und im Sinken nichts verlor als Tausende und Abertausende Knochen aus den Schlachthöfen Corks … Die Geschichte von Deirdre O'Brien, die auf der Suche nach Strandgut eine Trompete im Roten Sand der Roscarberry Bay fand und darauf so wunderbar spielen lernte, daß jeder, der ihr *Nearer My God to Thee* hörte, sein Leben – zumindest einen Abend lang – zu ändern versprach … Die Geschichte vom Leuchtturm auf Calf Rock, den die Brecher vom Fels schlugen, noch bevor er seinen ersten Lichtstrahl in die Nacht hinauswarf, und die Geschichte von der Paraffinladung eines gesunkenen Holländers, die, auf die Felsen geworfen und als Strandgut zu Kerzen gegossen, die dunklen Häuser West Corks erhellte … Die Geschichte vom Maisregen, der nach dem Scheitern eines Frachters aus Buenos Aires aus den Sturmwolken fiel, Mais!, aus zertrümmerten Laderäumen, vom Sturm mit der Gischt Hunderte Fuß emporgewirbelt und über Dörfer und Weiden verstreut ... Und schließlich auch die Geschichte vom höllischen Himmel über der Bantry Bay, als ein französischer Tanker vor Whiddy Island in Flammen aufging und mit ihm das ganze Tanklager der Insel und sechzig Menschen den Tod fanden und Himmel und Meer so rot waren, als stünde ganz Irland in Flammen ... Gemeinsam mit seiner Frau, sagte mein Freund Eamon, habe er damals geholfen, Überlebende und Tote aus einem brennenden Meer zu bergen.

Wer nach einem Abend solcher Geschichten aus O'Sheas Haus in die Nacht hinaustrat und bei gutem Wetter die schaukelnden Lichter der Fischkutter in der Meeresdunkelheit sah und den hellen, leeren Fleck der Plattform auf einer schwarzen Weide, dem mochte nach so vielen Dramen am Feuer diese kalte, steinerne Bühne plötzlich als Angelpunkt erscheinen, als der einzige feste Ort, um den sich die Wirklichkeit und das ganze Land zu drehen begannen. Nach einigen Flaschen Stout und drei, vier Gläsern Poteen oder Whiskey aus O'Sheas Beständen konnte einem Gast auf Glaisín Álainn plötzlich ganz Irland zur Drehbühne werden, auf der einige Herzschläge lang sogar die versunkenen, zu Torf zerfallenen Urwälder wieder erstanden und rauschende Eichenwälder, die unter den Äxten englischer Eroberer und Siedler zu Masten, zu Feuerholz und Schiffsbalken wurden: Zweitausend hundertjährige Eichen, sagte mein Freund Eamon, mußten für ein einziges englisches Kriegsschiff oder ein Flaggschiff der Königlichen Westindienflotte gefällt werden, fünfhundert Acres Wald für ein einziges Schiff, das vielleicht schon im nächsten Sturm strandete und von den Brechern als Treibholz an die geplünderte Küste zurückgeworfen wurde. Und was von den irischen Wäldern nach den Stapelläufen allesfressender, riesiger Flotten noch blieb, das schneite schließlich als Ruß aus den Kohlenmeilern und den Schmelzöfen der Kupfer- und Eisenhütten auf das kahlgeschlagene Land herab.

Kahl? Schon mit der nächsten Drehung der Bühne konnte die Wüste wieder unter Büschen und Strauchwerk verschwinden, unter Stechginster und baumhohen Fuchsienhecken, ja in manchen Tälern kehrten sogar die Bäume zurück – zuerst nur in den ummauerten Parks und Gärten englischer Herrenhäuser, um sich dann aber von dort – und begünstigt durch die milde, vom Golfstrom gewärmte Luft Irlands – auszubreiten: Pinien und Eukalyptusbäume beschatteten plötzlich die Szenerie, Rhododendren, von Kolonialkriegern aus dem Himalaja nach ihren irischen Landsitzen verpflanzt, blühten hier schöner als in Kaschmir und Nepal!, Myrten, Erdbeerbäume und Maoriflachs aus Neuseeland, Tulpenbäume, Magnolien, ja selbst Feigenbäume voll bitterer Früchte und Palmen – kein Zweifel, die Bühne Irland wurde auch nach den schlimmsten Verwüstungen und Kahlschlägen wieder schön. Nur das Drama, das in den schattigen Kulissen Leben und Tod von Akteuren *und* Publikum forderte, war und blieb grausam – von den Leichenfeldern der Schlacht bei Kinsale und am River Boyne und den Massakern des englischen Puritaners Oliver Cromwell über die Massengräber der Hungersnot bis zu den Toten des Bürgerkriegs und den Opfern der Scharfschützen und Bomben der IRA – auf Glaisín

Álainn wurde weder am Torffeuer noch auf der Plattform jemals vergessen, zu welchem Stück alle die Geschichten, Tänze und Lieder gehörten, die man sich im Winter erzählte und in den Sommermonaten unter freiem Himmel tanzte und sang.

Wie auf so vielen Bühnen verlor sich aber auch hier die Linie, die das Spiel vom wirklichen Leben trennte, manchmal im Wechsel der Szenen und Zeiten: Wenn etwa die Nachricht von einem auslaufenden Auswandererschiff Glaisín Álainn erreichte und sich O'Sheas Gäste in einem offenen Lastwagen auf den Weg nach Cobh oder in den Hafen von Cork machten, um dort weinend ein Schiff ins amerikanische Glück entschwinden zu sehen. *American wake*, amerikanische Totenwache, hießen solche Hafenausflüge, über denen neben den Farben Irlands schon das Sternenbanner zu Abschiedsliedern und Trauerreden flatterte: Wer vor der Armut der Heimat über den Atlantik flüchtete, der kam nicht mehr wieder.

Führten diese rumpelnden Lastwagenfahrten nach Cobh und Cork noch über eine Bühne oder schon über den Boden der Wirklichkeit? Oder die Parade an jenem Saint Patrick's Day in Skibbereen, als die Armee der Republik Irland zu Ehren des Landesheiligen durch die Stadt marschierte, unter den Soldaten auch mein Freund Eamon, und aus den Seitengassen plötzlich die schwarzen Barette der IRA zur Kolonne stießen, vereinzelt und wie Verirrte zuerst, dann aber immer zahlreicher und wie nach einer genauen Choreographie: Wortlos reihten sie sich in die Parade, zum Zeichen dafür, daß es nur ein einziges Irland und kein von England zerrissenes geben durfte … Die Armee der Republik in einem Festzug mit der Irisch-Republikanischen Armee! Ratlos die einen, grimmig und schweigend die anderen, so marschierten Soldaten und Untergrundkämpfer damals gemeinsam durch Skibbereen, bis die schwarzen Barette so plötzlich wieder verschwanden, wie sie aufgetaucht waren. Ein Spuk? Eine militärische Demonstration? Oder doch bloß Theater?

Die Grenze zwischen dem wirklichen Leben und seiner Darstellung wird wohl nur dort unbezweifelbar überschritten, wo ein Mensch auf *seiner* Bühne zu Schaden kommt oder stirbt. Solange nur marschiert werde, sagte mein Freund, nur demonstriert, erzählt oder gesungen, sei doch alles Theater, Vor- oder Nachspiel für das Drama der Wirklichkeit.

Auch auf Glaisín Álainn haben die Vertreter der Tatsachen und der Dogmen sich immer wieder einzumischen versucht in das Spiel. Einmal war es ein Priester, ein Volksmissionar aus Kerry, der ein Holzkreuz hochhielt und die Tanzenden auf der Plattform auseinanderzu*reißen* versuchte und dazu den Sittenverfall verfluchte und gegen O'Sheas hupende Knopfharmonika und gegen Gelächter anschreiend, allen Unkeuschen die Hölle versprach. Ein anderes Mal war es ein Akkordeonspieler mit dem unverwechselbaren Akzent des Nordens, der nach drei, vier schönen Strophen um Rekruten für die IRA warb …

An welchen Straßenkreuzungen und auf welchen Bühnen auch immer sich Leute versammelten, sagte Eamon, solche Missionare mischten sich doch immer unter die

Leute – Eiferer, Ideologen, Prediger, Propheten, manchmal sogar Mörder. Sollte man eine solche Versammlung aber nur deshalb auflösen, eine Bühne schließen, nur weil dort möglicherweise und unerkannt ein Heckenschütze, ein Kriegsverbrecher oder ein Bombenleger tanzten oder applaudierten? Stacheldrahtspiralen um Glaisín Álainn? Kontrollposten?

Wo getanzt wird, sagte mein Freund, brauche es zumindest Platz. Bewegungsfreiheit! Wer diese Freiheit einschränke, sei nicht nur ein Feind der Bühne und aller Kunst, sondern auch der seinige. Den Missionar aus Kerry und den Werber der IRA haben damals die Menge, die Musik, das Gelächter einfach verschluckt. Die Tanzenden umarmten und küßten sich weiter, und was der Mann aus dem Norden erreichte, bot nicht einmal Stoff genug für ein Gerücht.

Die Bühne von Glaisín Álainn liegt nun schon seit Jahren nicht nur in den Wintermonaten, sondern auch an Sonntagabenden im Sommer leer und verlassen vor Liam O'Sheas verfallendem Haus. Von Disteln und Stechginster überwuchert, beginnt dieses graue Steinmal allmählich, den Steinkreisen und keltischen Kultstätten zu gleichen, die über die ganze Insel verstreut bezeugen, daß noch auf der fernsten, umbrandeten Klippe das *Spiel*, die Darstellung des Lebens in die Jahrtausende zurückreicht. Aber nicht nur das äußere Bild der Plattform hat sich gewandelt: Sie ist längst selbst zur Geschichte geworden, zur Erinnerung und Provokation der Phantasie. Schon gehört ein Song über Glaisín Álainn, über Liam O'Sheas Reichtum und Abschied zu den Liedern West Corks:

…
had a mule
had a house
had a boat
had a well of poteen
and left it behind
left it all for a dream
…

Fünfzig Pfund, sagte mein Freund Eamon, fünfzig irische Pfund habe seine Mutter für die Plattform, für Steinhaus und Weide bezahlt, als Liam O'Shea in den sechziger Jahren alles aufgab und irgendwo im Westen Australiens verschwand. Fünfzig Pfund, auch damals ein Schleuderpreis. Aber könne man denn einen Ort wie Glaisín Álainn wirklich besitzen? Wem gehört eine Bühne? Doch wohl immer nur denen, die auf ihr erscheinen.

Vor der Bühne von Glaisín Álainn liegen nun die von Wollgras durchwachsenen Ballen ausgedienter Fischernetze, und stehen neben Eamons Boot auch das rostzerfressene Wrack eines alten Ford und ein Wohnwagen, mit dem er und seine Familie noch bis vor wenigen Sommern in die Ferien an die kaum dreißig Meilen entfernten Sandstrände von Barley Cove fuhren: Kulissen. Die Bühne ist menschenleer. Die *Ballrooms* und Dancing Halls, dann die Kinos und schließlich die Diskotheken und die entlang der ganzen Küste aufflackernden Lichtzeichen der Fernsehschirme haben auch West Cork verwandelt. Kein Mensch muß heute noch zu Fuß stundenlang über die Hügel gehen, nur um irgendwo *in the middle of nowhere* unter freiem Himmel zu tanzen. Und selbst die neue Besitzerin von Glaisín Álainn ist mittlerweile eine Greisin, die seit sieben Jahren in Castletownshend, in einem Zimmer am Meer liegt, gelähmt und geschlagen von einer Krankheit, die sie nichts mehr von ihrer Gegenwart erkennen und kein Wort mehr sprechen läßt, eine vollkommen stumm daliegende, fast neunzigjährige Frau; Eamons Mutter. Ob sie träume?

Wir saßen an jenem Februarabend nach unserem Besuch auf Glaisín Álainn am Bett der Greisin und tranken *Murphy's Stout* aus Flaschen, an denen bei jedem Absetzen Porzellanverschlüsse an Drahtspangen klingelten. Ob sie träume? Nicht einmal das könne er mit Gewißheit sagen, sagte Eamon. Manchmal sitze er die halbe Nacht an diesem Bett und sei davon überzeugt, *daß* sie träume, daß hinter ihren offenen, leeren Augen doch noch etwas wie Erinnerung sei, vielleicht sogar an die Tänze auf der Plattform, mit ihrem ersten und einzigen Mann, an das Leben, an die Sonntagabende auf Glaisín Álainn. Jeder Mensch lebe schließlich bis zu seinem Ende in drei Lüften: Die erste enthalte alle Gerüche und Geräusche des Anfangs, der engsten und geheimsten Umgebung, den Geruch der Wolljacke und der Haut der Mutter, den Klang ihrer Stimme, wenn sie aus dem offenen Fenster den Namen des Vaters in den Wind rief, den Duft der großen, längst verschwundenen Narzissen- und Veilchenfelder vor einem Küchenfenster in Glandore … Die zweite, die größere Luft nehme die erste in sich auf und trage die Gerüche und Geräusche der ganzen Küste, Seetang, Fisch und zerschlagene Muscheln auf Felsen und Sand, den verwehenden Maschinenlärm der Kutter, den Rauch der Torffeuer an kalten Tagen, das strahlende Gelb des Ginsters … Aber erst in der dritten Luft werde ergänzt und hinzugefügt, was zum vollständigen Bild der Welt noch fehle, erst in der Luft der Plattformen, Tanzsäle und Theater, der Kinos und wohl auch rauchiger Pubs, der Luft der Geschichten und der Verzauberung des Lebens in Lieder, verwandle sich beispielsweise ein ganzes Meer in ein einziges Wort, in eine Melodie, und rausche aus diesem Wort wieder hervor. Diese dritte Luft sei einmal schwer vom Parfüm der Theater, dann wieder bloß ein bißchen fettig vom Mief der *Fish-'n'-chips*-Buden vor den Kinos, sie trage den Geruch der nassen Kleider von Tänzern im Regen ebenso wie den Duft schöner Leute. Aber selbst im Abbey Theatre in Dublin oder in einem Kino in Bandon oder Cork, sagte mein Freund und öffnete das Fenster des Krankenzimmers, habe er den Geruch von Glaisín Álainn in der Nase und das Rauschen der Brandung im Ohr.

Meeresluft strömte ins Zimmer und blähte die winzigen Segel der Vorhänge, salzige, milde Luft, in der die Greisin aufzuatmen schien. Versunken, beinah schon verschwunden, lag sie in ihren Kissen, und ihre Atemzüge wurden wieder unhörbar im fernen Tosen der Brecher, das durch das offene Fenster drang. Es war das Rauschen, das sie an so vielen Sonntagabenden auf Glaisín Álainn gehört hatte und das immer noch zu O'Sheas überwucherter, verlassener Bühne aufstieg, die Brandung des Atlantischen Ozeans, ein in der Nacht verhallender und wiederkehrender Applaus.

Die Verbeugung des Riesen

Der blaue Turm der *Bank of China* ging innerhalb von Sekunden in Flammen auf, ragte einen Herzschlag lang wie der Zeiger einer Feueruhr aus einer rotglühenden Wolke, neigte sich dann dem Meer entgegen, brach auseinander und versank lodernd in der Flut. Nach der Bank of China wurde auch die von tropischem Nebel umwehte Festung der *Hong Kong & Shanghai Banking Corporation* innerhalb von Augenblicken zum Fanal und verglühte unter einem Funkenschwarm im Südchinesischen Meer. Und schon sprang das Feuer auf die *Standard Chartered Bank* über, auf die *Citibank*, das *Hopewell Centre,* den *Wan Chai Tower* und schließlich selbst auf den seidig schimmernden Wolkenkratzer der *Bank of America* … Hongkong brannte. Ein Wahrzeichen der Insel nach dem anderen ging in Flammen auf und fuhr brennend in die Tiefe der Joss House Bay. Es war der Morgen des dreiundzwanzigsten Tages im dritten Mondmonat nach dem chinesischen Kalender, ein heißer Tag Ende April des Jahres 1989. Es war der Festtag der Himmelskönigin Tin Hau, der Göttin des Südchinesischen Meeres.

Ich saß an diesem Morgen mit einem Freund in der Gesellschaft anderer Passagiere beim Frühstück auf dem Achterdeck einer Dschunke, deren rote Luggersegel schlaff in den Rauchschwaden schlugen, während die lodernde Skyline Hongkongs in den treibenden Nebelbänken erschien und wieder verschwand. Selbst aus der geringen Entfernung, aus der wir das Feuer von Turm zu Turm springen sahen, war schwer zu erkennen, daß die brennenden Wolkenkratzer nur Modelle aus Blattholz und Seidenpapier waren, Nachbildungen in den Farben und im Stahlglanz der Hunderte Meter hohen Originale – eine papierene, kaum zwei Meter hohe *Bank of China*, auch die *Bank of America* nur mannshoch und aus Papier und auf dem Wasser schaukelnd wie alle anderen Türme und Paläste der Hochfinanz, der Politik und des Handels – und alles in Flammen, flackerndes Treibgut, das als Brandopfer eine Meeresgöttin gnädig stimmen sollte.

Tin Hau, Königin des taoistischen Himmels: Ihr zu Ehren lagen wir an diesem Morgen im Verband einer Flotte von Dschunken, Flößen und Ausflugsdampfern in der Joss House Bay vor Anker. Auf einer Anhöhe über dieser entlegenen Bucht der *New Territories* östlich von Hongkong stand ein siebenhundert Jahre alter Tempel der Meeresgöttin in der Sonne, eine rote Holzpagode, scheinbar schwebend über den Nebelbänken und den Fliegenschwärmen, die von geräucherten Schweinehälften, süßem Brot, Honigschalen und anderen über den

Strand der Bucht verstreuten Opfergaben aufschwirrten. Zu den Paukenschlägen und dem Gerassel eines rot gekleideten Orchesters flatterten Wolken von goldbedruckten roten Zetteln von den Decks eines Tragflügelbootes – Totengeld, das von den Geistern der Verstorbenen Frieden erkaufen sollte –, und wenn wieder ein papierener Wolkenkratzer in Flammen aufging, brandeten Applaus und Jubel über das glatte Wasser der Bucht. In dicht aufeinanderfolgenden Prozessionen wateten Schiffsbesatzungen an den Strand oder landeten in überfüllten Beibooten, um ihre Opfergaben im Sand zu hinterlegen, unter seidenen Fahnen zum Tempel hinaufzuziehen, im Dämmerlicht des Heiligtums Räucherspiralen zu entzünden und sich vor der umflorten Statue der Göttin zu verneigen.

Während ich mit meinem Freund bei Tee und Reisgebäck darauf wartete, daß die Reihe an die Besatzung unserer Dschunke käme, erzählten zwei Dichterinnen aus Chung Wan, dem *Central District* Hongkongs, an unserem Frühstückstisch die Geschichte der Göttin. Dichterinnen! Auf den Fahnen und Transparenten der Nachbarschiffe standen die Namen großer Banken und börsennotierter Handelsgesellschaften, an Bord unserer Dschunke befanden sich dagegen nur Dichterinnen und Dichter, Erzähler, Übersetzer – Büchermenschen auf einer Ausflugsfahrt durch das Insellabyrinth im Mündungsdelta des Perlflusses: Lamma, Lantau, Cheung Chau, Peng Chau, Tung Lung, Macau …

Unsere Seereise war der festliche Abschluß eines Symposions, dessentwegen wir nach Hongkong gekommen waren, eines Gesprächs zwischen europäischen Dichtern und Schriftstellern und den Dichtern beider Chinas. Dieser Frühling 1989 war ein Frühling der Hoffnungen gewesen. Ein Dichter aus Peking hatte uns im Plenum von Zehntausenden Menschen berichtet, die sich nach dem Tod des großen Reformers Hu Yaobang in diesen Tagen auf dem Tian'anmen-Platz versammelt hätten und in Sprechchören und auf Transparenten ein neues China forderten, die Entmachtung des Oligarchen Deng Xiaoping forderten, Versammlungsfreiheit forderten, Redefreiheit, Gedankenfreiheit. Kein Knüppelhieb der Polizei, kein Schuß, hatte der Gast aus Peking geschwärmt, sei bisher gefallen, bis in die Nacht seien die Sprechchöre und Gesänge auf dem Platz des Himmlischen Friedens zu hören. Wie gesagt: Es war Frühling. Es waren die Festtage von Tin Hau, der Schutzpatronin aller, die den Untergang zu fürchten hatten.

Tin Hau, erzählten die Dichterinnen aus Chung Wan in einer melodischen Wechselrede, sei ein Fischermädchen gewesen, das im zehnten Jahrhundert der abendländischen Zeitrechnung gelebt und während eines Taifuns auf hoher See ein Schiff und seine Besatzung vor dem Untergang bewahrt und sicher an einen Strand östlich des heutigen Macau geführt habe. Tin Hau habe den Wellen befohlen, ihre Kronen und alle anderen Zeichen ihrer Macht abzulegen und sich zu besänftigen. Tin Hau habe Nebelbänke verfliegen lassen und das Holz eines Schiffsmastes zum Blühen gebracht und sei schließlich im dreizehnten Jahrhundert, lange nach ihrem Aufstieg in die Höhen der Unsterblichkeit, vom Mongolenherrscher Kublai Khan, der damals ganz China in seiner Gewalt hatte, in einem feierlichen Prozeß zur Königin des Himmels ausgerufen und dem Jadekaiser zur Seite gestellt worden, dem Allmächtigen des Taoismus. Noch der Name *Macau*, erinnerten uns die Dichterinnen an einen zurückliegenden Hafen unserer Seefahrt, die uns über die Mündung des großen Perlflusses bis ans chinesische Festland geführt hatte, noch der Name Macau enthalte das kantonesische *A Ma Gau*, den Beinamen Tin Haus, und bedeute so viel wie *Die Bucht der A Ma*. Macau sei der Schauplatz des ersten von vielen Wundern Tin Haus gewesen, ein Ort der Rettung.

Ein Taifun. Ein Schiffbruch. Eine Göttin. Die Rettung. Wir saßen um den Bambustisch auf dem Achterdeck und sahen, wie eine brennende Stadt aus Papier vor unseren Augen verrauchte und versank, während unsere Dschunke unversehrt über den Tiefen schwebte. Wurde ein Schiff, über das Tin Hau ihre Mädchenhände schützend hielt, unsinkbar? Nur eine Unsterbliche konnte das Meer in einen sicheren Ort und eine Hafenstadt in eine brennende Flotte verwandeln. Und Tin Hau verwandelte auch uns, ließ eine Ausflugsfahrt zur Wallfahrt werden, Teeschalen am Frühstückstisch zu Gläsern voll Whiskey und Wein und eine im Widerschein der Flammen flakkernde Nebelbank zum Lichtwunder – und selbst mein Freund war nicht mehr länger der beschwingte Tourist, mit dem ich die Märkte am Taifunschutzhafen in Kowloon durchstreift und an Buden und Marktständen Rosenholzbleistifte gekauft hatte, Notizbücher aus Reispapier, Schreibzeug in Kampferholzkästchen und Staubwedel aus Entendaunen ... Wir hatten in der Jervois Street von Sheung Wan, der Straße der Schlangenhändler, um den Preis einer jener Kobras gefeilscht, die in Hongkong jährlich zu Zehntausenden als wärmespendendes Schlangenfleisch verkauft und geschlachtet werden, und hatten dann doch keine Kobra, sondern nur einen Feng-Shui-Kompaß gekauft, mit dem die Geomanten die Wege zu bestimmen versuchen, auf denen der ebenso unsichtbare wie allgegenwärtige Drache Hongkongs vom Gipfel des *Tai Ping Shan*, dem Berg des großen Friedens, ans Meer kriecht. Wir hatten uns von einem Apotheker in Yau Ma Tei die heilende Wirkung von gedörrten Hornissen und gerösteten Tigerknochen erklären lassen, von zerstoßenen Perlen, geriebenem Nashorn und auch der wunderbarsten aller Medizinen: gemahlene, mit Morgentau vermischte Jade als Arznei gegen die Sterblichkeit.

Wir hatten auf unseren Landgängen gefeilscht, Souvenirs und Ramsch gekauft, in winzigen Lokalen der kantonesischen Küche Seegurken und Haifischflossen gegessen und viel gelacht. Aber jetzt, während im stillen Wasser der Joss House Bay eine ganze papierene Stadt als brennendes Opfer an ein Mädchen des zehnten Jahrhunderts unterging, verwandelte sich mein Freund vom Reisegefährten am Frühstückstisch wieder in den Dichter Hans Magnus Enzensberger, Schöpfer jener dreiunddreißig *Gesänge*, die er in karibischen, unruhigen Jahren, auf Kuba und in Berlin, geschrieben und *Der Untergang der Titanic* genannt hatte:

Wir sinken lautlos. Still steht, wie in der Badewanne,
das Wasser in den strahlend erleuchteten Palmensälen,
…
In den Booten kann man sogar das Knirschen der Taue hören,
und phosphoreszierende Tropfen sieht man vom Ruderblatt,
das in Zeitlupe aus dem Meer taucht, ins Meer zurückspringen.
Erst ganz am Ende – der dunkle Bug hat sich lotrecht empor
aus dem Bodenlosen gehoben wie ein absurder Turm,
die Lichter im Rumpf sind erloschen, niemand sieht auf die Uhr –
zertrümmert ein unerhörtes Geräusch die glasige Ruhe:

Aus dem Rumpf unserer Dschunke war nichts zu hören als das Stampfen des Dieselaggregates im Leerlauf. Keine Maschinenblöcke lösten sich aus ihren Verankerungen und donnerten gegen einen in die Tiefe zeigenden Bug. Wir sanken nicht. Nicht an diesem Morgen in der Joss House Bay. Wir ertranken nicht, wir tranken uns zu, auf dem Achterdeck eines Schiffes, über das eine Unsterbliche ihre Hände hielt. Es war nicht das Schiff, das versank, sondern die Welt – brennende Wolkenkratzer, Stahlpaläste aus Seidenpapier, Türme eines zum Himmel schreienden Reichtums. Wie ernst, beinahe feierlich mir auf einmal zumute war. Aber mein Freund Hans Magnus Enzensberger erhob sich (und mich gleich dazu) auch damals über Ernst und Feierlichkeit und erzählte den beiden Dichterinnen aus Chung Wan, wie er im Titel einer Tragödie doch wieder das Element einer Komödie entdeckt hätte:

War es das Japanische gewesen? Das Mandarinchinesische? Koreanische? Ich habe die Sprache, an die sich der Dichter erinnerte, vergessen und erinnere mich nur an eine Metamorphose, von der er mit Vergnügen berichtete: Er habe eine Übersetzung, also eine Überlieferung, eine Weitererzählung seines *Untergangs der Titanic* von einem vielsprachigen Leser – aus Japan? Aus China? Korea? – ins Deutsche zurückübertragen lassen, und *Der Untergang der Titanic* lautete nun: *Die Verbeugung des Riesen.*

Die Verbeugung des Riesen?, wiederholte eine der beiden Dichterinnen aus Chung Wan und sah meinem Freund in die Augen, kreuzte ihre Arme vor der Brust und verbeugte sich – lächelnd, anmutig, leicht.

An der Bahre eines freien Mannes

Michael Kohlhaas, ein an seinem unerbittlichen Glauben an irdische Gerechtigkeit zugrunde gegangener Mann, den Heinrich von Kleist hoch über seine Zeit hinausgehoben und unvergeßlich gemacht hat, war mein Vater.

Gewiß, in den Urkunden meines Vaters, die ihn als unehelichen Sohn einer Schleusenwärterstochter auswiesen, stand ebenso wie in seinem von russischen Stempeln übersäten Reisepaß und stand auch in jenen Anklageschriften, in denen er der Veruntreuung und der Verleumdung beschuldigt wurde – und stand schließlich auf einem Haftbefehl, der ihn in das Gefängnis meiner Geburtsstadt einwies, noch ein anderer Name: Karl Richard Ransmayr. Aber nachdem ich als Schüler des Klostergymnasiums der Benediktiner im oberösterreichischen Lambach, kaum fünfzehn Kilometer von diesem Gefängnis entfernt, unter der Aufsicht und Anleitung eines melancholischen Deutschlehrers Heinrich von Kleists Novellen gelesen hatte, fand ich für meinen Vater, einen nach Kleists Worten »außerordentliche(n) Mann«, der

»für das Muster eines guten Staatsbürgers« hätte gelten können, einen wahren und, wie mir schien, treffenderen Namen: Kohlhaas. Denn Kleist, war ich überzeugt, hatte nicht nur von einem im Kampf um sein Recht verzweifelnden Roßhändler erzählt, sondern gleichzeitig auch vom Leben meines Vaters und, ja, wie kaum ein anderer Dichter auch von meinem eigenen Leben. So wie die Liebenden aller Zeiten und Epochen im Grund ihrer Herzen miteinander verwandt und vertraut erscheinen, sind wohl auch die Dinge, die sie tun und sagen, einander ähnlich – und ebenso erschienen mir damals auch die Verzweifelten, die Elenden und Enttäuschten quer durch alle Zeiten miteinander verbunden.

Kohlhaas, mein Vater, wurde in einem strohgedeckten, von Wasserstaubwolken umrauchten Haus an einem auf regionalen Karten als *Traunfall* verzeichneten Katarakt geboren, über den jahrhundertelang mit Steinsalz beladene Zillen aus den Bergwerken der Kalkalpen über ein labyrinthisches Kanalsystem in den Unterlauf des Flusses abgesenkt und an die Donau weitergeleitet wurden. Die Schleusenwärter, die Zufluß und Abfluß in diesem System über eine Reihe von Wassertoren zu regeln hatten, führten den Titel eines *Fallmeisters* und waren Herren über Leben und Tod. Denn wenn es nicht gelang, eine der tonnenschweren Salzzillen über die entlang von moosbewachsenen Felswänden geführte Kanaltreppe sanft in den Unterlauf des Flusses zu lenken, drohte den Bootsleuten Kenterung und Tod. Das Weißwasser unterhalb des Großen Falls schien selbst bei sommerlich tiefen Wasserstandsmarken zu kochen. Der Salztransport auf dem Fluß war allerdings längst eingestellt und der letzte Fallmeister seit Jahren in einem von Rheuma und Gicht zerquälten Ruhestand, als seine einzige Tochter zu seiner Schande zwei uneheliche, von zwei verschiedenen, niemals preisgegebenen Vätern, vermutlich Arbeitern in einer nahen Papierfabrik, stammende Kinder zur Welt brachte. Das ältere der beiden war Kohlhaas, mein Vater.

Unehelicher Sohn einer als Küchengehilfin in einem Lungensanatorium, später in einem Hotel namens *Schiff* am Ufer des Traunsees arbeitenden Fallmeisterstochter zu sein war ein nicht zu tilgender Makel. Tag für Tag, im Winter oft durch knietiefen Schnee, stieg mein Vater aus der Klamm, in der das *Fallmeisterhaus* im Tosen des Wassers hockte, einem Streifen Himmel über ihm entgegen und dann durch den Auwald zu jenem kilometerweit entfernten Dorf, in dem ich viele Jahre später meine eigene Kindheit verbringen sollte. Auch wenn es in diesem wie in allen Dörfern des Alpenvorlandes (und noch in meinen eigenen Schuljahren) ein böses Zeichen war, nur den Namen einer Mutter zu tragen, konnte mein Vater dieses Schandmal zwar nicht verleugnen, aber, zumindest manchmal, vergessen machen. Er war ein begabtes Kind. Gefördert vom Dorfpfarrer, später von nationalsozialistischen Parteigängern im Gemeinderat, die ihn an ein Gymnasium am Traunsee empfahlen, lernte er, luftige Aquarelle zu malen, Noten zu lesen, lernte Englisch, Latein, Griechisch und durch einen von Gogol, Turgenjew und Dostojewski begeisterten Literaturlehrer in einem Freifach auch Russisch. Mit zunehmendem Wissen wuchs aber auch der Druck, nach vielen Seiten hin dankbar zu sein. Einem, dem trotz seiner beschämenden Herkunft so viel Gutes erwiesen worden war, mußten Hilfsbereitschaft, Demut, Gehorsam und Dankbarkeit zur obersten Pflicht werden. Kohlhaas ministrierte in Frühmessen, zu denen er sich um fünf Uhr morgens aufmachen mußte, weil der Weg lang war, entmistete Schaf- und Kuhställe, sammelte Roßkastanien für die Wildfütterung, schleppte Holz und Steine.

Aber als ihm die Ehre zuteil werden sollte, in eine Eliteschule der Nationalsozialisten aufgenommen zu werden, lehnte er, so höflich es ihm möglich war, ab. Und als er nach der mit Auszeichnung bestandenen Reifeprüfung aus seiner Ausbildung zum Lehrer ab- und zur Deutschen Wehrmacht einberufen wurde und dort eine Offizierslaufbahn einschlagen sollte, lehnte er wiederum ab. Auf meine Fragen nach seiner Vergangenheit und danach, wie ein von so viel Gutwilligkeit geförderter ehemaliger *Armenschüler* auf die glänzendsten Möglichkeiten seiner Zeit verzichten konnte, antwortete er: *Ich wollte unter diesen Leuten nichts werden.*

Nein, mein Vater war kein Mann todesmutigen Widerstandes. Aber daß er *unter diesen Leuten* nichts werden wollte, machte ihn zu einem der gerechtesten Menschen meines Lebens. Er wurde – nein, sagte er, nicht zur Strafe, warum, das könne doch niemand mehr sagen – auf ein Minenräumboot der deutschen Kriegsmarine ins Schwarze Meer befohlen, wurde gefangengenommen, in ein Lager nahe dem zerstörten Sewastopol auf der Halbinsel Krim verbracht und mußte dort allen Neuankömmlingen aus deutschen Kriegsgefangenenzügen die

Rede eines Lagerkommandanten aus Murmansk wieder und wieder übersetzen: Keiner von euch Hunden, schrie der Kommandant, keiner von euch Hunden wird seine Kinder, seine Frau, seine Heimat wiedersehen, bis nicht jeder Stein Sewastopols wieder an seinem alten Platz ruht und jedes erloschene Licht in den Fenstern der Stadt wieder leuchtet. Ihr Mörder, schrie der Kommandant, ihr Mörder erleidet hier nicht die Rache, die ihr verdient, sondern Gerechtigkeit.

Er habe den Kommandanten verstanden, sagte Kohlhaas. Sewastopol, das blühende Sewastopol, war im Kanonenfeuer deutscher Schlachtschiffe untergegangen. Zweimal, erinnerte sich mein Vater, wurde er von kriegsgefangenen Kameraden nach seiner Übersetzung solcher Begrüßungsreden verprügelt, einmal so schwer, daß er neun Tage in der Krankenbaracke des Lagers verbrachte und Blut erbrach. Wegen seiner Brauchbarkeit als Übersetzer kam er erst als Spätheimkehrer aus dem Krieg zurück.

Nachdem er seine pädagogische Ausbildung wiederaufgenommen hatte, Dorfschullehrer geworden war und meine Mutter geheiratet hatte, eine weichherzige Säuglingsschwester, die lange und am Ende vergeblich auf die Rückkehr eines im Krieg verschollenen Bräutigams gewartet hatte, reiste er, wann immer seine Ersparnisse es erlaubten, auf die Halbinsel Krim und nach Sewastopol und fand dort wohl auch eine Geliebte, die ihm zu Weihnachten großformatige, farbenprächtige Bildbände russischer Marinemaler schickte. Meine Mutter litt unter diesen Büchern, litt unter diesen Reisen, aber sie liebte diesen Mann. Denn welchen Sehnsüchten er auch immer folgte – er blieb nach allen Seiten dankbar und versuchte, dabei auch seine Frau und seine Familie zu ehren, so gut er konnte, schrieb selbst aus seinen Sewastopoler Ferien dicke Packen, mit Zeichnungen verzierte Liebesbriefe an sein *Marthele*, meine Mutter, zog im Winter seine vier Kinder auf Schlitten durch den Schnee, half ihnen beim Bau von Festungen aus Flußkieseln, Lehm und Moos oder schwamm mit ihnen durch die weißen Wirbel unterhalb des großen Wasserfalls. Ich durfte mich dann an seinen Schultern festhalten, und er wurde, nach seinen Worten, zum Walfisch, der mich auf seinem Rükken über alle Wirbel und Flußtiefen dahintrug.

Im Dorf war er geachtet. Er wurde Oberlehrer, sang Baßsolos in verschiedenen Chören und Balladen an *Bunten Abenden* und übernahm schließlich, nachdem das Gehalt eines Lehrers für die große Familie nicht mehr reichte, eine im örtlichen Kaiser-Franz-Joseph-Jubiläums-Lehrerheim untergebrachte, eher einer Kleinwohnung als einer Bank gleichende Zweigstelle der Raiffeisenkasse, deren Wappenspruch einmal *Einer für alle, alle für einen* gewesen war. »Nicht einer«, schrieb Heinrich von Kleist über meinen Vater, »nicht einer war unter seinen Nachbarn, der sich nicht seiner Wohltätigkeit, oder seiner Gerechtigkeit erfreut hätte …«

Ich erinnere mich an Abende und an die Stunden zwischen Sonntagsgottesdienst und Mittagessen, in denen Bittsteller an unserem Küchentisch saßen, etwa der verzweifelte Fleischhauer, der um die Existenz seines Ladens kämpfte, denen mein Vater gegen Handschlag

Banknoten auf den Tisch zählte, Kredite, für die es, wie sich zeigen sollte, weder Bürgschaften noch Sicherheiten gab. Der Fleischhauer, ein Mann, bei dessen Anblick mich ein angstvolles Herzklopfen befiel, wenn er mir in seiner blutigen Schürze auf der Dorfstraße entgegenkam, war der erste Erwachsene, den ich an unserem Küchentisch weinen sah. Aber mein Vater verteilte nicht nur Geld, ohne Aufsichtsräte zu befragen, sondern verfaßte als stilkundiger Lehrer auch für Bauern, Handwerker, Gastwirte, Faßbinder und Schichtarbeiter Eingaben an die Baubehörde, Gesuche an die Gewerkschaft, an Kirchenbeitragsstellen, an das Bezirksgericht. Seine Nützlichkeit wurde schließlich so überzeugend, daß ihn die Ortsbauernschaft drängte, doch als Kandidat der christlichen *Volkspartei* für den Gemeinderat zu kandidieren.

Gegen die leidenschaftlichen Bitten und Beschwörungen meiner Mutter blieb mein Vater dankbar wie je, dankbar für die Achtung, die man ihm entgegenbrachte, für den Respekt, das Vertrauen, die Zuneigung, darunter gewiß immer wieder auch die Zuneigung von Hausfrauen, denen er leidenschaftliche Briefe schrieb, bevor er sie in den Flußauen an geheimen Nachmittagen traf. Er ging aus den Wahlen als stellvertretender Bürgermeister hervor. Und dieser Triumph war wohl eine der Bedingungen seines Unglücks. Denn der regierende, nun von einem Emporkömmling zur Rechenschaft gezogene Bürgermeister, Geistesverwandter einer von SS-Offizieren gegründeten politischen Bewegung, die im Österreich der Gegenwart, aber das nur nebenbei, als *Freiheit-*

liche Partei mit Abermillionen von Steuergeld die Schatten einer barbarischen Vergangenheit pflegt und dabei einem mythischen *Kleinen Mann* Gerechtigkeit widerfahren zu lassen verspricht, wußte mit Konkurrenz nichts anzufangen. Die üblichen, politische Parteien seit je mehr als jedes Programm beschäftigenden Kämpfe begannen und wurden mit den üblichen, der politischen Arbeit stets nachgeordneten Mitteln geführt – üble Nachrede, Beschimpfungen, Verleumdungen. Auf diesem Schlachtfeld mußte der regierende Bürgermeister nicht lange nach der Achillesferse des Emporkömmlings suchen. War es denn nicht allgemein bekannt, daß mein Vater Kredite am Küchentisch vergab? Daß im Dorf so gut wie alle Geschäfte per Handschlag gemacht wurden, sollte schließlich nur dort geduldet werden, wo keiner der Geschäftspartner irgendwo irgendwem im Weg stand.

Einer Anzeige des Bürgermeisters folgte jener Morgen, an dem zwei Polizeiautos mit flackerndem Blaulicht im Hof vor der Schule hielten und mein Vater von fünf Gendarmen wegen des Verdachts der Untreue verhaftet und ins Gefängnis verbracht wurde. Die Lokal- und Regionalzeitungen widmeten dieser Ungeheuerlichkeit mehrere Titelseiten in Folge. An einem der wöchentlichen Besuchstage, an denen Gefangene und Besucher einander unter uniformierter Aufsicht an von feuchten Händen und Tränen gefleckten Tischen gegenübersaßen, sah ich zum ersten Mal, wie meine Eltern sich innig küßten. Erst später, viel später erfuhr ich, daß die beiden dabei Kassiber austauschten, von denen ich zwei nach dem Tod meiner Mutter im Nachlaß finden sollte.

Es waren Liebesbriefe, die keinerlei Anweisungen für das praktische Leben oder verbotene Absprachen enthielten.

Mein Vater verlor seine Stelle als Oberlehrer, verlor alle seine Funktionen in den Vereinen des Ortes und natürlich auch seinen Rang als stellvertretender Bürgermeister. Der einer langen Untersuchungshaft folgende Prozeß ergab zwar, daß der Schuldige bloß seine Befugnisse durch die Umgehung des – ohnedies uninteressierten, aus Landwirten und Handwerkern bestehenden – Aufsichtsrates überschritten hatte, ergab auch, daß alles verliehene Geld mit entsprechendem Gewinn für die Bank zurückbezahlt worden war und mein Vater sich dabei weder persönlich bereichert noch andere Vorteile bezogen hatte, aber nach dem Gesetz war der Tatbestand der Untreue erfüllt. Die Freiheitsstrafe war entsprechend mild und entsprach – möglicherweise als Vorbeugung gegen Entschädigungszahlungen – der Dauer der Untersuchungshaft.

Aber Kohlhaas, mein Vater, wollte zum ersten Mal in seinem Leben keine Nachsicht, auch keine Milde, sondern Gerechtigkeit. »Die Welt würde sein Andenken haben segnen müssen«, schrieb Heinrich von Kleist über meinen Vater, »wenn er in einer Tugend nicht ausgeschweift hätte«: seinem Rechtsgefühl.

Mein Vater weigerte sich, das Urteil anzunehmen. Hatte er sich denn nicht stets für seine Mitbürger eingesetzt, ohne dafür auch nur die geringste Gegenleistung zu fordern? Hatte er sich als Lehrer denn nicht an seinen freien Nachmittagen und auch in langwierigen Fällen ohne Entgelt die Nachhilfe von Kindern übernommen, die auf den Höfen ihrer Eltern zur Stall- und Feldarbeit gebraucht wurden und denen, wenn sie am Morgen zur Schule kamen, noch das Heu oder Stroh ihrer schweren Arbeit aus den Kleidern stach? Und hatte man ihm nicht fünf, nein: sechs! Medaillen verliehen, nachdem er in Badesommern am Fluß von plötzlich rotierenden Wirbeln erfaßte Schwimmer unter Gefahr für sein eigenes Leben vor dem Ertrinken gerettet hatte?

Kohlhaas legte also Berufung ein. Dieser Einspruch beließ sein Verfahren aber in der Schwebe, was bedeutete, daß er bis auf weiteres nicht wieder in den Schuldienst, bis auf weiteres auch nicht wieder in sein altes Leben aufgenommen werden konnte. Berufung. Mein Vater war überzeugt, daß diese Entscheidung nur zu einem Resultat führen konnte, einem Freispruch. Nichts anderes würde er, nichts anderes konnte er annehmen.

Die Witwe eines Kohlenhändlers, die ihm vor dem Krieg als Frau versprochen war, die bei seiner späten Heimkehr aber längst verheiratet und nun erst wieder alleinstehend war, beschaffte ihm ein erstes Darlehen für die Kosten des Verfahrens. Kohlhaas nahm dazu Arbeit am Fließband in einer Großtischlerei, dann aber in einer der Papierfabriken am Fluß an – weil ihm nur dort fortwährende Nachtschicht erlaubt wurde. Er schlief tagsüber und fuhr mit einem Moped täglich, auch bei Regen und Schneefall, zur Nachtschicht um zweiundzwanzig Uhr, in die Finsternis. Er wollte im Dorf nicht gesehen werden und wollte auch niemanden sehen, bis sein Freispruch bestätigt sein würde. Ich erinnere mich an einen Alteisenhändler, der, auch dies nur nebenbei, mit einem Dichter namens Thomas Bernhard aus dem Nachbardorf gelegentlich Geschäfte machte, wenn der Dichter nach stilgerechten Ausstattungen für einen seiner Höfe suchte. Der Alteisenhändler, ein Parteifreund des regierenden Bürgermeisters und wegen einer Reihe fehlender Zähne an seiner Aussprache selbst am Telefon zweifelsfrei erkennbar, rief monatelang und manchmal tiefnachts, wenn Kohlhaas am Fließband stand, in unserer Wohnung an und brüllte den Kindern des Angeklagten oder seiner Frau ins Ohr, ihr Mann, unser Vater, der verurteilte Dreckslehrer, sei ein Hurensohn und Verbrecher, den man nicht einsperren, sondern aufhängen sollte.

Heinrich von Kleist schrieb über diese Tage: »Es fehlte Kohlhaas … keineswegs an Freunden, die seine Sache lebhaft zu unterstützen versprachen … Gleichwohl vergingen Monate, und das Jahr war daran, abzuschließen, bevor er … auch nur eine Erklärung über die Klage, die er … anhängig gemacht hatte, geschweige denn die Resolution selbst, erhielt.«

Zu Kohlhaas' engsten Freunden, die sich als Feinde des regierenden Bürgermeisters verstanden, gehörten ein Bäcker, ein Fuhrwerksunternehmer und ein Gastwirt, Ehrenmänner des Dorfers, die ihm dringend empfahlen, doch nun seinerseits zweifelhafte Geschäfte des Bürgermeisters zur Anzeige zu bringen, sie würden das Material dazu liefern. War denn nicht mitten im Auwald, einer Flußlandschaft, in der neben anderen Orchideengewächsen selbst jener seltene *Frauenschuh* gedieh, den die Himmelskönigin Maria auf ihrem Weg ins Paradies getragen haben sollte, gegen alle Naturschutzbestimmungen ein Tümpel voll Ölschlamm, giftiger Schlacke zum Vorteil einer Ölbohrgesellschaft entstanden? Und waren denn nicht Bauaufträge ohne Ausschreibung vergeben und Geistesverwandte mit Schotterlieferungen aus gemeindeeigenen Gruben bedacht worden?

Wie in den Jahren seines verlorenen Glücks war Kohlhaas auch diesmal bereit, Wohlmeinenden dienstbar zu sein, ging es doch nun auch um sein eigenes Schicksal. Er schrieb also einen Brief an die Behörde, listete darin die von den Freunden vorgeschlagenen zweifelhaften Unternehmungen des Bürgermeisters auf und blieb auf den Rat der Wohlmeinenden hin als Verfasser anonym. Wer würde denn, war ihm geraten worden, einem Angeklagten, der die öffentliche Aufmerksamkeit auf die Verbrechen eines anderen lenken wollte, Glauben schenken? Auch wenn der Bäcker, der Gastwirt und der Fuhrwerksunternehmer nicht leugnen wollten, daß der Untergang des Bürgermeisters auch ihnen Vorteile verschaffen würde, konnte es Kohlhaas doch nur nützen, wenn sein Ankläger nun seinerseits im Zwielicht erschien.

Die Behörde wollte die erhobenen Beschuldigungen zwar nicht bestätigen, konnte aber das Schreiben durch den vorliegenden Schriftverkehr zur Berufungsverhandlung diesem Kohlhaas zuordnen, der daraufhin der Verleumdung bezichtigt wurde. Die einflüsternden Ehrenmänner, Bäcker, Fuhrwerker und Wirt, gaben im Ermittlungsverfahren zu Protokoll, sie hätten über das betreffende Schreiben zwar irgendwann gesprochen, das ja, es aber um Himmels willen nicht verfaßt und um

Himmels willen nicht abgeschickt und also um Himmels willen damit nichts zu tun.

Ich las in diesen Tagen Heinrich von Kleists Novelle vom Roßhändler zum dritten Mal und träumte von einem triumphalen Ende aller Prozesse, träumte davon, daß mein Vater sich in einem Siegeszug im Dorf zeigen würde: »… ein großes Cherubsschwert, auf einem rotledernen Kissen, mit Quasten von Gold verziert, ward ihm vorangetragen, und zwölf Knechte mit brennenden Fackeln folgten ihm …«

Tatsächlich aber wurde Kohlhaas, noch bevor sein Berufungsverfahren in anderer Sache entschieden war, wegen Verleumdung, wenn auch noch einmal unter Berücksichtigung mildernder Umstände, zu einer weiteren bedingten Gefängnisstrafe verurteilt. Der Abstand zu seinem früheren bürgerlichen Leben schien damit ein unüberbrückbarer Abgrund geworden zu sein.

Als nach fünf Jahren Nachtarbeit am Fließband der Papierfabrik und schon jenseits aller Hoffnungen ein Berufungsgericht entschied, daß mein Vater als Kassier zwar seine Befugnisse überschritten habe, er aber tatsächlich weder ein Betrüger noch ein Dieb sei und ihm deswegen alle Rechtsfolgen seiner Verurteilung erlassen wurden – er konnte also in allen Ehren wieder in den Schuldienst aufgenommen werden und durfte auch alle anderen verlorenen Ämter wieder bekleiden, starb meine Mutter.

Sie hatte in den Jahren der Unsichtbarkeit ihres Mannes die Lasten wie die Repräsentation der Familie in allen Belangen allein getragen, hatte anonyme Briefe geöffnet und meinem Vater verschwiegen, hatte die Verfluchungen des Alteisenhändlers und andere Demütigungen schweigend ertragen. So wie sie Kohlhaas einst beschworen hatte, er solle sich keiner Wahl stellen und keine Anschuldigungen gegen Stärkere erheben, so hatte sie ihren Mann, wenn er von seinen Nachtschichten zurückkehrte, auch beschworen, den Selbstmord, von dem er immer wieder sprach, wenigstens um seiner Kinder und seiner Frau willen nicht zu begehen. Aber das schmerzhafte Gewicht dieses Lebens war ihr am Ende zu schwer geworden. Über ihre letzten Stunden schrieb Heinrich von Kleist, daß sie dem Priester, der in ihr Sterbezimmer getreten war, die Bibel aus der Hand nahm, darin »blätterte und blätterte, und schien etwas darin zu suchen; und zeigte dem Kohlhaas, der an ihrem Bette saß, mit dem Zeigefinger, den Vers: ›Vergib deinen Feinden; tue wohl auch denen, die dich hassen.‹«

Nach ihrer Bestattung auf dem Dorffriedhof lehnte mein Vater die Wiederaufnahme in die dörfliche Gemeinschaft ab und begann alle Vorbereitungen zu treffen, das Dorf, in dem er sein Leben verbracht hatte und in dem ihm nun sogar die Stelle eines Schuldirektors angeboten wurde, zu verlassen, »weil ich«, ließ Heinrich von Kleist ihn sagen, »weil ich in einem Lande … in welchem man mich, in meinen Rechten, nicht schützen will, nicht bleiben mag«.

Kohlhaas löste die Wohnung im Kaiser-Franz-Joseph-Jubiläums-Lehrerheim auf – ich erinnere mich an einen mit Sommerkleidern meiner Mutter vollgestopften Mülleimer, von dessen Rand mit Blumen gemusterte Ärmel winkten, als ich ihm bei der Räumung zu Hilfe kommen wollte – und übersiedelte in den Geburtsort meiner Mutter, der am Unterlauf jenes Flusses lag, in dem die Salzzillen einst nach der Überwindung des Großen Falls wieder ruhig dahingeglitten waren.

Dort lebte er bis zu seinem Ruhestand als einfacher Lehrer und Gemeindebibliothekar in einer dunklen, winzigen Wohnung, von deren Fenstern er an allen Tagen des Jahres Singvögel fütterte, die er alle allein an ihrem Gesang erkannte. Wenn es etwas Ehrenvolles von seinen Kindern zu berichten gab, etwa von den Karrieren seiner Tochter, die in der Kanzlei des Anwaltes von Thomas Bernhard die Tagsatzungen abwickelte, oder von seinen Söhnen, die Lehrer, Schauspieler und Schriftsteller geworden waren, kopierte er die entsprechenden Nachrichten, auch Zeitungsausschnitte, auf dem Postamt des Dorfes und versandte sie an alle Wohlmeinenden, um ihr Vertrauen in ihn und seine Familie zu rechtfertigen. Dreimal jede Woche fuhr er mit dem Postbus zum Grab meiner Mutter, entzündete dort Kerzen und erneuerte einen dadurch niemals verblühenden Blumenstrauß in einer Steckvase aus grünem Plastik.

Auch an seinem eigenen Todestag, viele Jahre nach dem Drama seines Untergangs, wartete er an einer Bushaltestelle, von der aus das Benediktinerkloster, in dem ich zur Schule gegangen war, wie eine alles Land überragende Festung zu sehen war. Wir waren an diesem Tag am Grab meiner Mutter verabredet und wollten dann in einen Gastgarten, der weit draußen zwischen Weizenfeldern lag. Seine letzte Freundin, eine pensionierte Gemischtwarenverkäuferin, wollte ihn, wie schon so oft, auch diesmal begleiten und saß neben ihm auf der Wartebank der Bushaltestelle und hielt seine Hand, als er plötzlich ohne ein Zeichen des Schmerzes oder des Erschreckens und ohne ein Wort vornübersank. Sie konnte ihn nur mit Mühe halten und verhindern, daß er auf das Straßenpflaster fiel. Während Bus um Bus ankam und wieder abfuhr und sich eine Menge von Neugierigen staute und wieder verlief, erklärte ein unter Blaulichtblitzen eingetroffener Notarzt meinen Vater für tot.

Er wurde vom örtlichen Bestatter in die Leichenkammer des Benediktinerklosters gebracht. Hinter meterdikken Mauern schienen sich dort noch Frühlingstemperaturen erhalten zu haben. Dabei war draußen Sommer. Ein brütendheißer Tag im Juli.

Als ich diese dämmrige Kammer kaum eine Stunde nach der Todesnachricht betrat, sah ich Kohlhaas in sommerlicher Kleidung, wie bereit zu einem Nachmittag am Fluß, auf einem Katafalk liegen. Der plötzliche Herztod hatte sein Gesicht, seine Arme blauviolett verfärbt. Das wird verschwinden, sagte der Bestatter, dieses Blau wird verschwinden. Am Abend wird ihr Vater wieder sein, wie er war.

Ich stand lange an der Bahre und habe vergessen, ob es Sekunden oder Minuten dauerte, bis ich begriff, daß ich den Körper wieder und wieder nach einem Lebenszeichen absuchte, einem Atemzug, einem Pulsschlag, einer sanften, kaum merkbaren Dehnung des Brustkorbs … Aber vor mir lag nur der Leichnam eines freien Mannes.

Damen & Herren unter Wasser

Die Damen, die Herren:

Herr Blueher	Erzähler, Ex-Museumswärter *(Großflossen-Riffkalmar – Sepioteuthis lessoniana)*
Herr Reddish	Ex-Wasserbettverkäufer *(Imperialgarnele – Periclimenes sanguineus)*
Frau Horange	Ex-Schwimmlehrerin *(Kronenqualle – Netrostoma sp.)*
Herr Blackthorn	Ex-Installateur *(Geisterpfeifenfisch – Solenostomus paradoxus)*
Frau Whitey	Ex-Ministerin *(Flohkrebs – Cyproidea hopalac)*
Frau Purpleheart	Ex-Schönheitskönigin *(Rotlippen Fledermausfisch – Ogocephalus darwini)*
Herr Greenfinch	Ex-Dammbauer *(Nacktschnecke – Elysia ornata)*

Drei Herzen … Ich trage drei Herzen in meiner Brust, was sage ich: in meinem Kopf! Drei pochende Herzen.

Wenn ich wütend oder begeistert bin, schlagen diese Herzen allerdings nicht schneller als sonst, und ich erbleiche oder erröte auch nicht vor Angst oder in Verlegenheit, sondern meine Möglichkeiten, einen Gemütszustand sichtbar werden zu lassen, umfassen ein breitgefächertes Farbenspiel, das auf meiner Haut erscheinen und innerhalb von Sekunden wieder verblassen kann, ja mir sogar erlaubt, unsichtbar zu werden, indem ich die Farben und Strukturen meiner Umgebung annehme, nach*spiele*: das Wehen eines von sanften Strömungen bewegten Seeanemonenfeldes etwa; die fliegenden Schatten der Wellenkämme auf dem Sandgrund einer Lagune oder die schekkigen Muster muschelbesetzter Riffe …

Außerdem – auch wenn gerade diese Behauptung für einen möglichen Neider ein bißchen großspurig klingen mag – ist mein Blut nicht rot, sondern von einem schwärzlichen Blau: Ich bin blaublütig! – allerdings gefangen im Körper eines Kalmars, genauer: eines Großflossen-Riffkalmars. Und wer beneidet schon einen Kalmar.

Obwohl längst Kiemen- und kein japsender Lungenatmer mehr, denke ich immer noch und manchmal ein bißchen wehmütig an sommerliche Brisen, die bloß streicheln, was auf ihrem Weg liegt …, an Böen, die jedes Hindernis zerreißen wollen …, auch an Passatwinde, die ganze Flotten vor sich herzutreiben vermögen und selbst von einem Orkan nicht in ihrem Gleichmut zu stören sind … Seltsamerweise sind es immer wieder die Lüfte, der Wind, meine Erinnerungen an die wirbelnden, heulenden oder ruhig dahinfließenden Strömungen der Atmosphäre, die mich hier, in meiner nahezu luftlosen Tiefe, immer noch beschäftigen und bewegen:

Vielleicht ist es auch bloß eine Art Heimweh, daß ich an die *Oberwelt* denke, wenn submarine Driften an meinen Fangarmen und Tentakeln ziehen, mich davontragen und mir so bei meinen Fischzügen behilflich oder hinderlich werden. Noch der schwächste Wasserwirbel, den der Flossenschlag einer vor mir flüchtenden Beute aufrührt, ruft mir eine ultramarine Heimat in Erinnerung, die unter ziehenden Wolken oder dem nackten Blau des Himmels liegt, ausgesetzt, gefächelt oder zerstört von den unsichtbaren Kräften des Windes.

An die meisten meiner luftigen Erinnerungen ist allerdings die immergleiche Frage geknüpft, welche Kräfte es wohl waren, die mich, einen atmosphärisch gebundenen

Lungenatmer, in mein gegenwärtiges Leben hinabzogen, in die Meerestiefe und mich dort in eine schwimmende, schwebende Gestalt zwangen, die mir bis dahin nur aus der Zoologie, von Speisekarten in Fischrestaurants, aus dem verlotterten Aquarium meiner Heimatstadt oder von meinem einzigen, am Strand einer kanarischen Insel unternommenen Schnorcheltauchgang bekannt (oder eigentlich: unbekannt) war. In eine Gestalt, die meinem plötzlich verlorenen menschlichen Körper in seiner Erscheinung, seiner Funktionsweise, seinen Lebensbedingungen … kurz: in allem widersprach.

Ich glaubte lange Zeit, daß diese Art einer Verwandlung, die mir ein ganzes Luftweltleben lang höchstens als Traum oder als Wahnvorstellung eines Verrückten denkbar erschienen war, nur mich allein getroffen hätte und ich also mit meinem Schicksal allein, ganz allein wäre. Erst seit ich mich dem Rätsel meiner Metamorphose nicht mehr als Verbannter, Ausgelieferter oder Leidender, sondern mit der Hingabe und Neugier eines Forschers zugewandt habe, weiß ich, daß ich weder allein noch verrückt bin. Und ich träume auch nicht.

Manchmal beginnt mir meine Verwandlung schon ebenso selbstverständlich zu erscheinen wie die Aufeinanderfolge der Lebensphasen etwa eines Insekts, das aus seinem Ei schlüpft und dann in gelassenem Wechsel die Gestalt einer reglosen, wie für immer in der Erde begrabenen Mumie annimmt, dann zur seidenhaarigen oder borstigen, vielbeinigen und immer noch höchst erdgebundenen Raupe wird, um sich schließlich als prachtvoller oder auch unscheinbarer, wie im Glücksrausch gaukelnder Schmetterling in die Luft zu erheben und alles Vertraute unter sich zurücklassen.

Ich war …, ich war ein alleinstehender, kinderloser, von unkontrollierbaren Schweißausbrüchen geplagter, oft übellauniger Museumswärter, der sich weniger für die Menschen selbst als vielmehr für ihre Werke begeistern konnte – beispielsweise für die Weltlandschaften der flämischen Malerei des frühen 16. Jahrhunderts:

Jawohl!, diese bläulichen, auf Eichenholz- oder Kupferplatten gemalten Landschaften, deren Horizont manchmal von einem unvergleichlichen Schimmer erhellt war, einem Glanz, unter dem ich stets ein bloß erahnbares, noch gänzlich unsichtbares Meer vermutete …, diese Landschaften machten mich, ich weiß kein anderes Wort, glücklich. Ich war ein Bewunderer dieser Werke.

Nun bin ich ein Bewohner dieses fernen Meeres, und mein Lebensraum reicht über türkise, grüne und ultramarinblaue Tiefen und Untiefen bis in jene lichtlose Schwärze hinab, in der organisches Leben wohl ähnlich selten vorkommt wie in der nach Lichtjahrmilliarden gemessenen Weite eines nahezu leeren Weltraums. So schwimme und schwebe ich also, ein zehnarmiges Weichtier, vielleicht irgendwo in der Mitte zwischen den nahezu unendlich kleinen und nahezu unendlich großen Ordnungen einer insgesamt ziemlich unerforschten, rätselhaften Welt.

Mein Name *war* Blueher, *der liebe Herr Blueher*, wie der Direktor meines Museums zu säuseln pflegte, wenn ich wieder einmal freiwillig den Sonn- oder Feiertagsdienst eines Kollegen übernehmen sollte. Daß ich nun über zwei Fang- und acht, mit Saugnäpfen bestückte Greifarme verfüge, über drei Herzen, in denen schwarzblaues Blut pulst, und Gedanken und Gefühle auf der Haut tragen kann, erscheint mir manchmal weitaus bemerkenswerter als die pure Tatsache meiner Verwandlung: Ein Mensch namens Blueher, sozusagen bloß emigriert, nein: katapultiert in eine andere Gegend dieser Welt und dabei mit neuen Begabungen und einer neuen Gestalt ausgestattet, ist schließlich nicht allzu weit von jenem Auswanderer entfernt, der es auf seinem Weg unter Umständen ja auch vom Nichtsnutz, Versager oder Sträfling zum Gouverneur oder gar Präsidenten einer sogenannten Großmacht bringen kann. Eben noch Museumswärter. Jetzt Riffkalmar. Ein Wunder?

Natürlich erschien mir am Anfang besonders seltsam, daß ausgerechnet ich, ein ehemals notorisch wasserscheuer Nichtschwimmer, der Bassins, Teiche, Seen, Flüsse, ja überhaupt alles Wasser am liebsten bloß als Ahnung oder als lautloses Farbenspiel auf Ölbildern und Aquarellen sah, zum Kalmar werden mußte. Als Museumswärter hatte ich ja ein unsichtbares, tief unter dem Horizont bläulicher Landschaften liegendes Meer bloß vor der allzu aufdringlichen Neugier und Nähe der Menschen zu schützen. Diese Aufgabe war über 32 pensionswichtige und nun versicherungstechnisch ungültig gewordene Jahre nicht immer leicht. Aber ich habe sie erfüllt.

Immerhin habe ich es – auf eine Weise nicht unähnlich der Veredlung einer borstigen Larve in ein flugfähiges Prachtwesen – vom Museumswärter zum Forscher *geschafft*, zum Forscher! Oder gibt es eine bessere Bezeichnung für einen, der versucht, über sich selbst und seinesgleichen, über sein Woher und Wohin, über seine Entwicklung, seine Verwandlungen und die natürlichen Gesetze seiner Welt so viel in Erfahrung zu bringen, wie sich nur in Erfahrung bringen läßt?

Forscher also. Ein Forscher in Gestalt eines Riffkalmars, der sich allerdings nicht mehr an irgendein, auf Meßwerte und Datenflüsse versessenes akademisches Publikum wendet, sondern bloß an sich selbst: Ich schwebe und schwimme Spuren und Verweisen nach und erzähle mir meine Welt dabei noch einmal und neu, bin Sprecher und Zuhörer zugleich, Lehrer und Schüler ... Denn Riffkalmare sind – ausgenommen natürlich in orgiastischen Brautzeiten mit ihren in massenhaftem Neben- und Untereinander vollzogenen Paarungen – Einzelgänger.

Aber Brautzeiten gelten nicht für mich. Denn obwohl meine Gestalt nun die eines Kopffüßlers ist, gehören meine Gedanken, mein geistiges Vermögen offensichtlich nicht – oder noch nicht – zu meinem Körper. Dafür treibe ich allerdings auch nicht wie meine Artgenossen nach dem Rausch einer Paarung rasch auf das Ende zu und sinke schließlich, kaum ein Jahr nach dem Ausbruch aus einem gallertigen Ei, bleich, weiß, aller Farben beraubt, unwiderruflich zum Grund hinab, sondern meine Lebenszeit ist, wenn auch gewiß nicht unbeschränkt, so doch zumindest ungewiß. Ich habe mittlerweile schon mehr als ein Dutzend Kalmargenerationen alle Farben verlieren und kalkweiß zugrunde gehen sehen. Vielleicht wird sich aber auch das noch ändern im Verlauf meiner Integration und die Zeit sich meiner gegenwärtigen Art gemäß dehnen, bis mir die 365 und dann wohl für immer vergessenen Tage eines Luftweltjahres als langes, erfülltes Leben erscheinen werden. Steht mir die vollkommene Anpassung an das Leben eines jagdfreudigen Riffkalmars und Einzelgängers erst bevor? Oder heißt es Einzel…schwimmer? Welches Wort ist das richtige?

Schon in einem sehr frühen Stadium meiner Nachforschungen mußte ich erkennen, daß Worte für mich an Bedeutung zu verlieren begannen, so, als ob ich die Sprache meines früheren Lebens oder irgendeine mühsam erlernte, selten benützte Begrifflichkeit Wort für Wort wieder vergessen und diese Wort für Wort ersetzt werden müßte von bloßen Signalen und Zeichen, vom Farbenspiel etwa, das über meine Haut huscht und dabei einmal die Schattierung des Grundes, über den ich hinweggleite, annehmen kann, dann wieder die Farben eines Korallenstocks, in dem sich ein Zebrafisch vor mir verstecken will, meine Beute.

Aber was heißt *schwimmen?*, was *gehen?*, was *hübsch?* Gelegentlich sind mir die wechselnden Farben meiner Haut und ihre Bedeutungen bereits näher, viel näher als die Silben einer Sprache, die sich allmählich auflösen in jenem symphonischen, bloß die oberen Wasserschichten durchdringenden Geräusch, mit dem sich die Dünung an den Riffen bricht und die gebrochenen Wellen Steine gegen die Küstenlinie schieben und rollen, bevor der Sog des zurückströmenden Wassers alles Schwemmgut wieder mitnimmt und fallen läßt, hinab in die Tiefe.

Manchmal wird mir, was einmal Sprache war, bloß zum nackten Geräusch. Dann versuche ich, mir meine Geschichte oder zumindest Teile davon in Geräuschen zu erzählen, die unhörbar bleiben für die Ohren von Luftweltlern und natürlich auch unverständlich gemäß jeder Logik, der mein Leben einmal folgte.

Das Wort *hübsch*, nur ein Beispiel, war damals vor allem mit menschlichen Gesichtszügen verbunden, den Beinen, der Figur einer Museumsbesucherin etwa, die an großformatigen Bildern oder *meinen* auf Eichenholztafeln gemalten Landschaften vorüberschlenderte, ohne mich je neben einem der Hydrographen zu bemerken, diesen verfluchten, von der Direktion strategisch postierten Geräten! Unablässig kritzelten sie mit ihren filigranen, mit schwarzer Tinte gefüllten Metalltentakeln den Anstieg oder das Nachlassen gefährlicher Luftfeuchtigkeit auf Meßpapierrollen und protokollierten so auch jeden meiner Schweißausbrüche. Aber was sollte ich tun? Ihre Standorte waren dämmrige, vom unbarmherzigen Licht der Bildergalerie einigermaßen verschonte Winkel und boten einem, der tropfte, zerrann, wenigstens Schutz vor den kühlen oder erstaunten Blicken kunstfreundlicher Hübschlinge.

Und jetzt? Jetzt, beginnt sich meine Erinnerung immer öfter mit Geräuschen wie *schsch, übsch, hübsch* zu verbinden und der Sinn dieser Zischlaute mit der vollendeten Form und Anordnung von Saugnäpfen oder dem heiteren Schwung von Tentakeln. *Übsch, schsch, hüübsch!*

Nur in meinen Träumen, wenn eine sanfte Strömung mich in eine Art Trance als erholsamen Ersatz für meinen alten Schlaf wiegt – und seit neuestem auch in meinen wissenschaftlichen Betrachtungen! –, kehrt vieles noch einmal zurück, Worte, auch Namen aus meinem Leben vor der Verwandlung und dem Weg in die Tiefe. Dann kann es durchaus geschehen, daß mich über Stunden ein verzehrendes Heimweh nach der Oberwelt plagt. Manchmal bin ich dann sogar den Tränen nahe. Aber ein Kalmar kann nicht weinen.

Wenn ich in jenen Zeiten, in denen ich noch im Schmuck einer tiefblauen, aber schweißtreibenden Uniform flämische Traumlandschaften und mit feinsten Marderhaarpinseln gemalte Paradiesgärten bewachte, geahnt hätte, daß Meerwasser, Salzwasser, Tränenwasser! einmal zum Medium meiner Existenz werden würde ... Ich hätte schon die bloße Aussicht darauf für den Weg zur Hölle gehalten. Obwohl ich weiß, daß Erinnerungen selbst an die schlimmsten Qualen irgendwann blaß und erst wieder deutlich zu werden beginnen, wenn die Tortur von neuem droht, habe ich doch zu keiner Zeit und in keiner Gestalt meines Lebens vergessen, wie sehr ich an der Luft unter plötzlichen Wallungen, unbeherrschbaren Schweißausbrüchen, ja geradezu Verflüssigungen gelitten habe.

Es war diese Heimsuchung, die mich am Ende dazu brachte, nicht nur Schweiß und Tränen, sondern alles, was flüssig war oder sich bloß zu verflüssigen begann, zu hassen. Ich habe schon als Kind an diesen Schweißausbrüchen gelitten, aber erst in den Sälen und Gängen des Museums gewannen sie eine solche Macht über mich, daß mir schadenfrohe Kollegen gelegentlich *Ahoi,*

Wassermann! zuriefen. Was für ein hoher Preis für meine Liebe zur Malerei! Aber ich habe ihn bezahlt, weil mir die Tafelbilder einer geradezu mikroskopisch fein schaffenden Kunst damals als die wahren Fenster zur Wirklichkeit erschienen: hinaus in eine Welt, die sich in unerforschlichen, vom Widerschein eines allgegenwärtigen und doch unsichtbaren Ozeans erhellten Weiten verlor.

Aber ausgerechnet vor diesen Bildern, den, wie mir damals schien, schönsten und friedvollsten Werken menschlicher Vorstellungskraft, bedrängten mich Touristen, Kunstfreunde, Flaneure mit ihrem ahnungslosen Interesse oder mit überflüssigen Fragen und drängten mich Tag für Tag (Montag, Schließtag, natürlich ausgenommen) an die Wände meines Saales und dort immer wieder in die Nähe eines Hydrographen. Und ungerührt von meiner Not, verrieten diese verfluchten Geräte jedesmal einen dramatischen Anstieg der Luftfeuchtigkeit, ja lösten gelegentlich sogar einen von Konservatoren, Restauratoren und anderen unerbittlichen Bewahrern programmierten *Feuchtigkeitsalarm!* aus. Aber in der massierten Nähe von Menschen überfielen mich jedesmal Schweißausbrüche, Schweißüberflutungen, gegen die ich machtlos war und blieb. Im günstigsten Fall konnte ich flüchten und im Versteck einer Personaltoilette abwarten, bis diese Flut aus meinem Inneren verdampfte und mein glänzendes, überströmtes Gesicht getrocknet und ohne Peinlichkeit wieder vorzeigbar geworden war.

Diese Schweißausbrüche! Was habe ich in der Luftwelt geschwitzt! Ich begann zu tropfen, ja zu sprühen, wenn mir jemand zu nahe kam oder ich bloß einen prüfenden Blick auf meiner Wärteruniform – oder gar auf meinem Gesicht spürte. Aber ich zerrann nicht bloß im Museum. Meine Wallungen überfielen mich überall, wo ich der Nähe von Menschen ohne einen Fluchtweg ausgesetzt war: in Autobussen, in der U-Bahn, während meiner ohnedies seltenen und immer seltener werdenden Konzert-, Theater- oder Kinobesuche, in Läden, in denen sich Verkäufer um mich bemühten und mir am Ende keine Wahl mehr ließen und ich ein neues Kleidungsstück auch noch anprobieren, eine Frucht kosten oder mir die Vorzüge eines Gerätes erklären lassen mußte, kurz: in jeder Sekunde, in der eine Entscheidung zu treffen oder ein prüfender, erwartungsvoller, sogar ein freundlicher Blick zu ertragen waren … Ich schwitzte.

Ich schwitzte. Tropfte. Zerrann.

Aber so brennend mein Durst durch diesen Wasserverlust auch werden konnte, die Gier nach Getränken, schmelzenden Eiswürfeln oder selbst einer Handvoll Schnee – begann ich doch, in jeder Flüssigkeit Schweiß und damit eine Bedrohung zu sehen. Selbst reinstes Quellwasser war davon nicht ausgenommen. Wein, Schnaps, Kaffee, Tee betäubten meinen Widerwillen zwar spürbar, beseitigten ihn aber nicht. Ich konnte niemals vergessen, daß, was meine Kehle hinabkroch, meinem eigenen verhaßten Schweiß ähnlich war.

Manchmal frage ich mich, warum ich selbst in meiner kühlen, abgeschiedenen Meerestiefe so lange brauchte, bis ich endlich auf den Gedanken kam, daß dieser Haß auf einen bloßen Aggregatzustand vielleicht in einem Zusammenhang stand mit der Metamorphose meiner alten, ausgedienten Gestalt. Aber es bedurfte tatsächlich mehrerer Wiederbegegnungen mit ehemaligen Artgenossen – Menschen, Flaschentauchern, die in Wolken aus Atemluftblasen in meine neue Welt herab- und am Ende ohne die leiseste Ahnung von meinem Schicksal auch wieder emporschwebten –, bis auf meiner Haut die erste, meine Verwandlung betreffende Vermutung als diffuse Mischfarbe erschien.

Ich weiß nicht mehr, wann es zum ersten Mal geschah, aber irgendwann wurde mir ausgerechnet in der gefährlichen, blubbernden Nähe eines Tauchers bewußt – er stieß wie ein Reiter seine Lanze eine Harpune vor sich her –, daß mir die Meerestiefe auf eine noch unerklärliche Weise nicht bloß zum Lebensraum, sondern auch zum Medium geworden war, das mir die Gedanken von Tauchern, meinen verlorenen Artgenossen, übermitteln konnte. Vielleicht, so dachte ich damals und verfärbte mich aufgeregt: über eine Spielform der Telepathie?

Möglicherweise geschah diese Übermittlung aber auch bloß ähnlich der Fortpflanzung von Schallwellen in der Lufthülle der Oberwelt. Oder glich sie den nahezu unendlichen, der Krümmung des Raumes folgenden Wegen des Lichts durch das Vakuum des Alls, Wellen, die selbst einen Abgrund von Abermilliarden Lichtjahren zu überbrücken vermochten? Wie ein Astronom in seinen Spektralanalysen uralte, aus anderen Welten kommende Lichtbotschaften entschlüsselt, begann ich, in den Köpfen der Taucher zu lesen! Manchmal zwar nur Bruchstücke, zerrissene, zu submarinem Lärm verrauschende Sätze, Worte, Begriffe, aber ich las.

Als erstes Ergebnis dieser Fähigkeit erfuhr ich beispielsweise den Namen meiner neuen Art. Meinen wahren Namen. Es geschah, als mich an einem strahlend grünen Tag in geringer Tiefe ein aufgeregter Taucher mit seiner wasserdichten, klobigen Kamera umkreiste und dabei das Objekt seiner Begierde so freudig wie lautlos benannte: *Ein Großflossen-Riffkalmar!, ein Riffkalmar!*

Daß der Gedanke des Fotografen dann auch noch das Wort *schön* enthielt, *was für ein schönes Exemplar!*, schmeichelte mir zugegebenermaßen, ja machte mich sogar ähnlich verlegen wie einst das Lob meines Direktors oder die Anerkennung meiner Kenntnisse durch einen Museumsbesucher, der sich fragend an mich gewandt hatte. (In Wahrheit waren meine prompten Antworten ja bloß das einzige Mittel, einem aufsteigenden Schweißausbruch zu entkommen, indem ich einen Frager so schnell wie irgend möglich in die weitere, um ein paar kunstgeschichtliche Auskünfte im Telegrammstil bereicherte Betrachtung eines Gemäldes zurückschickte.)

Meine Freude, die Freude eines Riffkalmars über das Kompliment eines Tauchers, dessen Sauerstoffvorrat offensichtlich bereits zur Neige ging, wie aus der Hektik, mit der er seine Kamera bediente, zu schließen war, wurde aber augenblicklich gedämpft, ja verwandelte sich in tiefe Niedergeschlagenheit, als alle meine Versuche, mich dem Fotografen als denkendes, empfindendes Wesen, als seinesgleichen, als *Ehemaliger!* bemerkbar zu machen, ohne den geringsten Erfolg blieben.

Ich machte dem Mann Zeichen mit allen Armen und Tentakeln, ich schrieb Buchstaben, ganze Sätze, soweit es meine Erregung noch zuließ, in die blaue Tiefe. Am Ende fuchtelte ich vor seiner leicht beschlagenen Brille sogar *SOS. SOS!* Ich tanzte, bettelte um sein Verständnis, versuchte, ihm vorzuführen, daß, was einmal mein Sprachvermögen gewesen war, nun darin bestand, die Farben seines Taucheranzugs, seiner Sauerstofflaschen, ja selbst seiner Augen auf meiner Haut als wehende Regenbögen erscheinen zu lassen, farbenfrohe Reflexe auf seine Anwesenheit. Ich gestikulierte *so verstehen Sie doch, um Gottes willen, verstehen Sie doch! Ich bin einer der Ihren!*

Aber er – er freute sich offensichtlich nur an der unerklärlichen Zutraulichkeit eines mit allen Armen winkenden Riffkalmars, dachte an die Vervollständigung seiner Sammlung von Diapositiven, die er der *phantastischen Vielfalt* des submarinen Lebens gewidmet hatte, dachte dann auch an den neuesten Lichtbildervortrag im Kreis seiner Freunde – und drückte begeistert den Auslöser.

Monate nach diesem niederschmetternden Erlebnis wich meine Untröstlichkeit allerdings einer Neugier, die zur Voraussetzung meiner Forschungen werden sollte, als mir ausgerechnet die vergebliche Jagd nach einer Netzmuräne dazu verhalf, einen Schicksalsgefährten zu entdecken. Einen Gefährten! Ich hatte tatsächlich einen, und wie ich nach und nach erfahren sollte, mehrere, ja vielleicht zahllose Gefährten in der Tiefe, die mein Schicksal teilten. Diese erste aus einer Reihe weiterer Entdeckungen befreite mich zwar nicht völlig von meinem Trübsinn, ließ mich aber immerhin zum Forscher auf der Suche nach meinesgleichen werden und beförderte damit auch ein neues Bild meiner gegenwärtigen Welt.

Natürlich fehlt mir bis zum heutigen Tag noch vieles, was die Einsicht in die Naturgesetze meiner Verwandlung betrifft, aber wie jeder Forscher bin ich sicher: Auch dieses Rätsel ist zu lösen – wenn nicht in den hellen Regionen dicht unter der Wasseroberfläche, in denen manchmal auch der Zug der Wolken noch als ruhiges Lichtspiel erscheint und die Schatten von Schiffen ihrem Ziel entgegenhuschen, dann wenigstens in der Dämmerung oder gar in den lichtlosen Abgründen der Tiefsee. Ein Kalmar – ich! – vermag schließlich Druckverhältnissen standzuhalten, die etwa einen vom Tiefenrausch benommenen, auf der Jagd nach fliehender Kamerabeute leichtsinnig gewordenen Tauchurlauber womöglich schon an seinem ersten Ferientag am Meer töten würden.

Auf den ersten meiner Schicksalsgefährten wurde ich durch eine Serie von Flüchen aufmerksam, Schimpfworten, die so lautlos wie unmißverständlich durch das unbewegte Wasser einer Bucht in mein Gehirn drangen: menschliche Worte!

Ich schwebte damals, es war kurz vor Anbruch der Nacht, die sich aus der Oberwelt auch auf uns herabsenkte und die Schwärze des Sternenhimmels mit jener der Tiefsee allmählich ineinanderfließen ließ, dicht über dem Grund einer von Schiffstrümmern übersäten Bucht, offensichtlich den Resten eines torpedierten Zerstörers irgendeiner namenlos gewordenen Kriegsmarine, scheuchte dabei eine Netzmuräne auf und versuchte vergeblich, sie in die Enge eines von Muscheln und Korallen überwachsenen Geschützstandes zu jagen, als ich plötzlich *Vorwärts, blöder Gallertfetzen!* aus dem Dunkel unter mir zu vernehmen glaubte, *mach doch endlich, alter Trampel, oder willst du verhungern?*

In Erwartung, im nächsten Augenblick auf einen mit schwächlichen Lampen ausgestatteten Nachttaucher oder Harpunier zu stoßen, der die Ängste einer erstmals durch die Finsternis schwimmenden Begleiterin wütend zu zerstreuen versucht, ließ ich von der Verfolgung der Muräne ab, sah mich nach einem menschensicheren Versteck um, drehte meinen Kopf nach allen Richtungen und beschrieb dabei mit meinen Fangarmen einen Kreis, etwa einem Kettenkarussell ähnlich, das in Zeitlupe rotiert. Ich konnte jedoch keine Menschenseele in meiner Tiefe entdecken. Hörte dann aber wieder: *Beweg dich, verdammte Scheiße, siehst du die Planktonwolke backbord nicht?, los, los!, Herrgott nochmal!, fette Sau.*

Was ich schließlich aus einem klaffenden Explosionsriß in der Panzerung des Zerstörers hervorkriechen sah, war aber bloß eine riesige, knallrote Nacktschnecke, die gemächlich auf den tiefen, nur einem nachtaktiven Wesen noch erkennbaren Schatten eines Korallenbaumes zukroch und Anstalten machte, dort ein wenig zu rasten. Im Faltenwurf ihres gallertigen Mantels krallten sich zwei Garnelen fest, Imperialgarnelen, wie meine Forschungen noch ergeben sollten. Beide waren vom gleichen leuchtenden Rot wie die ihnen als Wirts- oder Transporttier dienende Schnecke, deren Namen ich aus dem Kopf eines dicken Flaschentauchers bereits kannte: eine Spanische Tänzerin! Die beiden Imperialgarnelen ritten auf einer Spanischen Tänzerin durch die Tiefe. Der zeternde, sein Tragtier beschimpfende Shrimp war etwa doppelt so groß wie das zweite Reiterlein und mit einem regelmäßigen Muster weißer Punkte wie beschneit.

Ich konnte kaum glauben, was mir plötzlich in seltsamer Deutlichkeit bewußt wurde: Obwohl an diesem Shrimp keinerlei Bewegung von Mund- oder Sprachwerkzeugen bemerkbar war, kamen Flüche und Geschimpfe ohne jeden Zweifel von ihm. Ich erkannte zwar den Grund für seine Gehässigkeit gegenüber der bedächtigen und offensichtlich gutmütigen Schnecke nicht, verstand dafür aber den Wortlaut so klar wie die Gedanken eines Tauchers.

Mensch!, wer oder was dort so bequem auf einer Nacktschnecke durch die anbrechende Nacht ritt und das arme Tier böse verfluchte, der oder das mußte wohl schon aus dem einfachen Grund meinesgleichen sein, weil weder vorstellbar noch in meinen submarinen Erfahrungen je ein Hinweis dafür aufgetaucht war, daß ein so hübsches, zierliches, weiß gepunktetes Tierchen wie eine Imperialgarnele zu einem solchen Wutausbruch fähig sein sollte. Selbst wer hier unten bloß seine Beute verfolgte, sie überwältigte und mampfend fraß, tat dies mit Ernst und, ja, auch Respekt vor seinem Opfer. Ich hatte selbst bei den wildesten Jagden in der Tiefsee noch niemals ein Zeichen von Haß oder Ärger wahrgenommen.

Dennoch war ich begeistert: meinesgleichen!, ich war endlich und ähnlich wie Robinson Crusoe in seiner von Menschenfressern besuchten Inseleinsamkeit auf meinesgleichen gestoßen und rief, *funkte* ganz im Vertrauen darauf, daß nicht bloß ich, sondern auch mein Gegenüber meine Gedanken lesen und verstehen konnte: *Hee! Pünktchen! Warum so aufgeregt?*

Wenn ich erwartet hatte, daß der fluchende Shrimp von meiner Erscheinung und meiner Frage wie vom Donner gerührt sein würde, dann hatte ich mich getäuscht. Denn ohne seinen wütenden Ton zu ändern, wandte er sich nun doch eindeutig mir zu und funkte zurück:

Und Sie mischen sich hier am besten nicht ein. Diese Angelegenheit betrifft Sie nicht im geringsten – und wandte sich dann wieder der Tänzerin zu: *Also los, lahmer Trampel.*

Herr Reddish, so der Name meiner Entdeckung, war durchaus nicht jener Berserker, als der er mir in den ersten Augenblicken unserer Bekanntschaft erschienen war. Daß er gern fluchte – das und vieles andere, was ich im Lauf unserer Bekanntschaft und – wie ich mittlerweile wohl sagen darf – *Freundschaft* erfuhr, waren mehr oder weniger Ergebnisse einer Einsamkeit, die er nicht als bedrückend, sondern als befreiend empfand. Einem Einsamen war schließlich nichts verboten. Stets ohne Zeugen, konnte er Regeln befolgen oder einfach erfinden – und auch wieder brechen.

Wenn Herr Reddish beispielsweise fluchte, dann nur in Momenten, in denen er niemanden in seiner Nähe befürchten mußte, der fähig wäre, ihn zu verstehen oder besser: mißzuverstehen. In meiner Gegenwart jedenfalls sollte er sich noch als eloquenter Gesprächspartner erweisen, der im Fluchen eher eine Kunst- oder Spielform als einen Ausdruck aggressiver Hilflosigkeit sah.

Seine Spanische Tänzerin dagegen war bloß, was sie schien: ein wirbelloses, nachtaktives Weichtier, ein sprachloses Wesen der Tiefsee ohne menschliche Vorgeschichte. Und ebenso gehörte die kleine, Herrn Reddish manchmal zu seinem Ärger, manchmal zu seinem Vergnügen und sozusagen auf Schritt und Tritt begleitende Garnele zwar zur Familie der Imperialgarnelen, trug in ihrem hübschen, gepanzerten und etwas blaß gepunkteten Körperlein aber kein anderes geistiges Vermögen als das eines Wesens ihrer Art. Die Kleine war keineswegs ein verwandelter Schicksalsgefährte, sondern nicht mehr als ein possierliches Tierchen, dessen Abbilder in den Fotoalben von Tauchern oder auf Speisekarten im Abschnitt *Meeresfrüchte* zu finden waren. Herr Reddish duldete die Kleine in seiner Nähe wie einen herrenlosen Köter, der sich aus unerfindlichen Gründen einen Gebieter auserwählt hatte, um ihm nun ohne Leine auf allen seinen Wegen zu folgen.

Es hat mich Monate gekostet, ein einigermaßen klares Bild von Reddishs Geschichte zu erhalten. Denn nicht nur, daß mir meine neue Wassersprache noch ungewohnt war, trug die *Spanische*, ebenso wie ich ausschließlich in der Nacht jagende Tänzerin meinen Gefährten auch immer wieder in die Deckung von Bordwänden und Torpedoschächten geborstener Schlachtschiffe oder in die Finsternis unterseeischer Höhlen. Damit unterbrach sie aber unsere Verständigungswellen, die sich in freier Tiefe erstaunlich weit fortpflanzen konnten. Herr Reddish erwies sich leider als so bequem und verfressen, daß ihn selbst die Aussicht auf ein Gespräch unter Freunden nicht dazu bewegen konnte, den Rücken seines Tragtiers zu verlassen, um unseren Umgang einmal ungestört von den Wegen und Kurskorrekturen der Tänzerin zu genießen.

Die *Spanierin*, wie Reddish seine Nacktschnecke kurz nannte, trug ihn durch Wolken von Plankton und Kolonien von Kleinlebewesen von der Größe einer Karpfenlaus und schwebte mit ihrem Passagier samt seinem Hündchen durch ein nächtliches Schlaraffenland, in dem jedem Reisenden – und sei er noch so langsam – das tägliche Brot ohne anstrengende Verfolgungsjagden einfach ins Maul flog.

Mich dagegen zwang meine Beute stets auf abweichende Routen. Dann verlor ich Reddish gelegentlich für längere Zeit aus den Augen. Aber selbst wenn mein Hunger mich nicht dazu gezwungen hätte, wäre es immer noch mein Stolz gewesen, der mich davon abgehalten hätte, einem ehemaligen Wasserbettverkäufer – Herr Reddish hatte den Großteil seines früheren Lebens tatsächlich als Wasserbettverkäufer abgedient – wie ein Bittsteller nachzuschwimmen. Schließlich hatte ich als Riffkalmar einen cholerischen Shrimp ebensowenig nötig wie ein Wasserbett.

Natürlich klagte Reddish gelegentlich darüber, daß sein Tragtier während des Tages grundsätzlich in Dekkung blieb und ihn ausschließlich nachts durch die Tiefe trug, aber schließlich barg auch die Nacht für ihn eine Erinnerung an die Oberwelt, die wir beide selbst in der Tiefe noch nicht vergessen hatten: *Bettschwere*, nannte er damals jene Müdigkeit, die dem Absatz von Betten im allgemeinen und von Wasserbetten im besonderen förderlich war. Und nun, nun konnte er sich dieser Schwere endlich überlassen, ohne dabei an Verkaufszahlen denken zu müssen.

Herr Reddish hatte sich wie ich eines Morgens mit der gleichen unerklärlichen Plötzlichkeit in einer völlig neuen, ihm bis dahin unbekannten Gestalt in der Meerestiefe wiedergefunden und lange Zeit, bereits krabbelnd und schwimmend, noch gedacht, er träume. Sein Wechsel zu Gestalt und Leben einer Imperialgarnele lag allerdings schon länger, sehr viel länger zurück als meine eigene Verwandlung. Daher verfügte er auch über einen ungleich größeren Erfahrungsschatz als ich, zumindest was seine Bekanntschaft mit weiteren Schicksalsgefährten anbelangte, denen mich Reddish später stets als *Herr Blueher, unser Neuzugang,* vorstellen sollte.

Bequem, ähnlich wie in seinem alten Leben in einem mit Warenmustern und Wasserbettkatalogen verschiedenster Jahrgänge vollgestopften roten Opel Kapitän, schaukelte Herr Reddish nun auf seiner Spanischen Tänzerin über den Meeresgrund, ernährte sich mühelos von den Früchten jener Tiefen, in die ihn sein Tragtier brachte, fraß manchmal aber auch ohne den geringsten Widerwillen die Abfälle, die der Spanierin aus dem Maul bröselten und dann im Zeitlupentempo die Falten ihres Mantels hinabtrudelten. Aber was immer in dieser einseitigen Lebensgemeinschaft für ihn abfiel – es war genug, genug sogar für sein Hündchen, den schwach getupften Zwergshrimp, der ihn offensichtlich nicht nur abgöttisch liebte, sondern ihn vielleicht sogar für eine Art dahergeschwommene Mutter hielt. Reddish duldete die Anhänglichkeit seines Begleiters – oder war es eine Begleiterin? –, ähnlich wie er in seinem Vorleben die Ergebenheit eines Rauhhaardackels geduldet hatte, der ihm am Ende eines langen Rosenkriegs gegen seine geschiedene Frau per Gerichtsentscheid zugesprochen worden war.

Reddish schien in seiner Tiefe rundum zufrieden. Er saß zwar unter Wasser und dort in einer weiß gepunkteten Gestalt fest, war aber andererseits auch in einem recht bequemen Ruhestand und, anders als in der Oberwelt, weit über alle Pensionsansprüche oder Pflegeversicherungen hinaus, bestens versorgt. Auch mußte er nun endlich niemanden mehr von den Vorzügen eines Wasserbettes überzeugen. Denn Reddish hatte Wasserbetten, deren Verkauf und Bewerbung zum Lebensinhalt seines früh verstorbenen Stiefvaters gehört hatte, immer gehaßt.

Dieser Vater, ein bigotter Marienverehrer, der jährliche Wallfahrten nach Lourdes oder Fátima unternahm und lange mit dem Gedanken gespielt hatte, ein mit Weihwasser gefülltes Krankenbett zum Patent anzumelden, hatte seinem Stiefkind seinen Laden, in dem auch Wünschelrutengänge zu buchen waren, samt einem recht geräumigen Haus aus dem Spätbarock mit Garten und Seerosenteich gegen ein notariell beglaubigtes Versprechen vermacht, das Reddish einigermaßen genötigt abgab, als der Stiefvater seine letzten Tage im völlig wasserlosen Stahlrohrbett eines Hospizes der Kapuziner verbrachte: Niemals, niemals! werde er dieses von Gipsengeln behütete und von Gipsmuschelkränzen und blumigem Stuck geradezu überschüttete Haus verlassen oder verkaufen, werde auch niemals! den stiefväterlichen Laden aufgeben und nach bestem Wissen versuchen, die Idee des unvergleichlich gesunden, lebensverlängernden Tiefschlafes im Wasserbett weiterzuverbreiten.

Herr Reddish hatte sich Jahre nach diesem Versprechen sowohl vom testamentarisch geforderten sonntäglichen Kirchgang als auch von Nachmittagsandachten, Geschäfts- und Autoeinweihungen, Wallfahrten nach Lourdes und Fátima und Weihnachtsfeiern mit Anhängern des Wasserbettenschlafs ersatzlos abgewendet. Insgeheim dachte er sogar daran, wagte es am Ende aber nie, sein Versprechen zu brechen. *Ich war*, so gestand er mir schon in unserem ersten längeren Gespräch, *an diese verfluchten Wasserbetten gefesselt.*

Verständlich, daß Reddish seine Verwandlung gewissermaßen als Befreiung, ja Erlösung betrachtete. Er gab mir damit aber auch Anlaß, meine eigene Haltung zu überdenken, die mich die Tiefe bis dahin eher als eine Art Hölle oder zumindest als Fegefeuer hatte erleben lassen und nur in ganz wenigen kostbaren, geradezu rauschhaften Momenten als einen höheren Zustand meiner Existenz. Sollte der Meeresgrund, der Untergang, tatsächlich auch *Himmel* sein können?

Freilich lagen selbst im klaren Fall Reddish am Ende die Dinge weitaus komplizierter, als es zunächst schien. Denn meine Forschungen enthüllten als Triebfeder seiner Verwandlung schließlich ein Trauma, mit dem nicht nur Reddish, sondern offensichtlich jeder Wasserbettverkäufer irgendwann im Verlauf seiner Karriere kämpfen mußte:

Was, um Himmels willen, was, wenn eines dieser schwabbelnden, die Dünung oder bloß den Spiegel eines leicht bewegten Teichs vorstellenden, *nachäffenden* Betten eines Nachts platzte, unter der Einwirkung leidenschaftlicher Bewegungen oder gemäß den Gesetzen des Materialverschleißes einfach platzte? Was, wenn sich der Inhalt auch nur einer einzigen Kammer eines Wasserdoppelbettes plötzlich wie eine aus ehelicher Pflichterfüllung quellende Sintflut über Bettvorleger, am Boden abgelegte Bettlektüre und liebevoll gepflegte Schlafzimmerböden ergoß und dann schmatzend weiteren Katastrophengebieten entgegenlief?

Reddish hatte dieses Unheil schon wenige Monate nach Antritt seines Erbes erleben müssen, und die Angst vor der Sintflut, für deren Folgen damals nicht nur eine bescheidene Geschäftsversicherung, sondern laut Garantievertrag auch der Firmeninhaber mit seinem Privatvermögen haftete, hatte ihn zeitlebens nicht mehr verlassen.

Erst jetzt, in der Tiefe, konnten wir im Verlauf unserer Gespräche per *Fischfunk*, wie wir unsere submarine Verständigung zu nennen begannen, selbst über Katastrophen lachen: über die schrille Stimme einer seiner ersten Kundinnen etwa, die den Ladenerben ausgerechnet in ihrer Hochzeitsnacht angerufen und ihm unter hysterischen Weinkrämpfen die Flutwelle beschrieben hatte, von der die Saffianlederpantoffeln ihres Mannes samt einer hochgradig wasserscheuen Perserkatze über die Schwelle des Schlafzimmers soeben die Treppe hinuntergespült worden waren.

Was für ein Alptraum! prustete Reddish auf seiner Tänzerin, was für ein Schock, in einem ausströmenden Wasserbett wie auf einem sinkenden Floß zu liegen, am Ende aber nicht in der Tiefe, sondern nach dem Ablaufen oder Versickern des Ozeans bloß auf einem Schlafzimmerboden zu landen: die Bettwäsche triefend wie eben aus dem Waschzuber gezogen, Nachthemd, Pyjama, alles tropfnaß.

Und dann *hörte* ich Herrn Reddish jedesmal minutenlang kichern, während sein Hündchen versuchte, den Heiterkeitsausbruch des Herrchens mit einem schabenden Geräusch seiner winzigen Greifzangen nachzuahmen. Shrimps konnten kichern!

Die Auswertung meiner Gespräche mit Reddish zeigte auch, daß der darin gepflegte Humor schon von den ersten gemeinsamen Tagen an etwas boshaft war – und zwar nicht nur, wenn wir uns an ausgestandene Mißgeschicke erinnerten, sondern auch, wenn wir etwa ängstlichen Tauchschülern dabei zusahen, wie sie während irgendeiner Unterwasserübung, in diesem Fall dem Austausch des Mundstücks mit einem Partner, in Panik gerieten und in blinder Angst vor dem Ertrinken mit strampelnden Flossenschlägen nach oben schossen.

Reddish war allerdings auch – für mich so erfrischend wie tröstlich – zur Selbstironie fähig und sprach dabei von seiner eigenen und damit unserer Verwandlung mit einer solchen Selbstverständlichkeit, daß mir nach und nach geläufig wurde, wie ein Mensch seine physische Existenz nicht nur in einen anderen Teil dieser Welt verlegen, sondern mit dieser Übersiedlung auch seinen Körper wechseln konnte – und zwar ohne! daß er deshalb gleich sterben mußte. Heute bin ich überzeugt, daß, was ich von diesem ehemaligen Vertreter für Wasserbetten in der Frühzeit meines Tiefseedaseins lernte, alle Resultate meiner Schul- und Ausbildungsjahre bei weitem übertraf.

Und damit nicht genug. Denn die Bekanntschaft mit Reddish führte mich an den Anfang meiner neuen, wissenschaftlichen Karriere, als ich durch ihn zu begreifen begann, daß jene kleine Unterwassergesellschaft, die ich mit seiner Hilfe zu entdecken begann, zumindest durch eine Gemeinsamkeit verbunden war: durch den (zumeist allerdings bereits verrauchten oder vergessenen) Haß auf alles Flüssige, die ausgestandene Angst vor dem Wasser, vor Schweißausbrüchen, Bettnässerei oder Wasserbettenlecks und allem, was dahinplätscherte, brauste, regnete oder rann:

Fundamentale Probleme mit einem Aggregatzustand konnten offensichtlich dazu führen, die davon Betroffenen genau dem auszuliefern, wovor sie sich am meisten fürchteten. Sie wurden sozusagen ins Zentrum ihrer Gefühle versetzt:

Wer sich vor Veränderungen fürchtete, wurde einfach in eine neue Gestalt gezwungen. Wer ein ganzes Luftweltleben lang der Wasserscheu, dem Horror vor dem Ertrinkungstod oder dem Ekel vor Schweiß und Urin ausgesetzt gewesen war, wurde gnadenlos hineingetaucht ins Medium seiner Furcht, in einen Löschwassertümpel, einen Fluß, einen See oder bloß in eine gelbe, wärmliche Pfütze. Wer das Meer gehaßt oder auch nur Auen oder Strände und selbst beheizte Schwimmbäder um alles in der Welt gemieden hatte, verfiel all dem auf diese Weise erst recht. Und wer sich vor Getränken, Limonaden oder schlichtem Brunnenwasser ekelte, wurde einfach mit Kiemen ausgestattet und dadurch ohne tödliche Folgen im Medium seiner Angst ersäuft.

Ich erinnere mich allerdings, daß Herr Reddish, als ich ihm meine diesbezügliche Vermutung zufunkte, nicht gerade begeistert war.

Wozu, funkte er damals zurück, *wozu eine Verwandlung begründen, die ohnedies nicht mehr umzukehren ist?*

Ist sie denn tatsächlich unumkehrbar?, fragte ich, *woher wollen Sie das wissen, Verehrter?*

Weil das Leben selbst, kam seine zweite Antwort noch schneller als die erste, *weil das Leben selbst wie das Wasser aus einem leckenden Bett immer nur in eine verfluchte Richtung läuft, immer nur auf den Bretterboden, die Teppiche, in den Flur, aber niemals, niemals! zurück.*

Daß seine eigene Existenz deutliche Anspielungen auf sein altes Leben enthielt, wurde mir im Lauf unserer Bekanntschaft wohl klarer bewußt als ihm selbst. Eine Erkenntnis, die zu einem ersten Schlüssel meiner späteren Forschungen werden sollte:

Denn Herr Reddish hatte in seiner mehr oder weniger erzwungenen Rolle als Wasserbettverkäufer den Aggregatzustand des Flüssigen zwar ähnlich zu hassen begonnen wie ich, hatte es darin aber niemals so weit gebracht, daß ihm sogar das Trinken zum Problem geworden wäre – ganz im Gegenteil: Er gestand mir irgendwann sogar einen längeren Aufenthalt in einer Klinik für Alkoholiker. Trotzdem war es wohl auch bei ihm die besondere Beziehung zum Flüssigen gewesen, die seine alte mit seiner neuen Existenz verband. Aber vielleicht – so lautete eine meiner frühen Hypothesen, von der ich glaubte, sie würde unser Lebensgefühl und unsere Hoffnungen ähnlich prägen und verändern wie einst das Leben vieler Leidenden die Erfindung des Penicillin –, vielleicht barg diese Beziehung nicht bloß die Grundbedingung unserer Verwandlung, sondern sogar die Voraussetzung, diesen Prozeß in ferner Zukunft wieder rückgängig zu machen und uns die Heimkehr an die Luft zu ermöglichen.

Aber wollten wir denn überhaupt zurück? In der kleinen Gesellschaft, zu der ich mir – zunächst mit Reddishs Unterstützung, dann durch eigene Bemühungen – Zugang verschaffte, war man darüber geteilter Meinung.

Eine der eifrigsten Stimmen in einer flossenschlagenden, krabbelnden oder scheinbar gewichtslos schwebenden, aber deswegen noch lange nicht verschworenen! Gemeinschaft, die sich mir durch meine Forschungen nach und nach erschloß, gehörte einem nahezu durchsichtigen Wesen, das wie ein Prunkstück böhmischer Glasbläserkunst und stets begleitet von einem Schwarm

Putzerfische unsere Tiefe durchschwebte: eine Kronenqualle, Frau Horange.

Als Reddish mich mit ihr an einem trüben, vom Abwasser irgendeines Containerschiffs, dessen Schatten wie das Unheil selbst über uns hinwegglitt, vergifteten Morgen bekannt machte, funkte sie zu meiner Überraschung mit einer sanften, an einen Pulsschlag erinnernden Bewegung ihres transparenten Mantels in meine Richtung: *Ich hatte bereits das Vergnügen.*

Tatsächlich mußte Frau Horange meine Wege schon einige Male durchschwommen haben, ohne daß ich sie je als Verwandte erkannt oder sie sich als meinesgleichen bemerkbar gemacht hätte. Wer weiß, vielleicht hatte sie im Vorüberschweben bereits in meinen Gedanken gelesen. Und vielleicht war sie auch deswegen einfach weitergeschwommen …

Frau Horange sollte sich jedenfalls von einer für meine Forschungen so unschätzbaren Auskunftsfreude erweisen, daß ich während mancher unserer Begegnungen, unserer Schwebungen fast Angst davor bekam, die Dame könnte eines Tages auch ihr beiläufig gesammeltes und eventuell um das eine oder andere Detail bereicherte Wissen über mich einem Unterwasserforscher anvertrauen, der seinerseits auf meinen Spuren schwamm.

War Reddish allein mit mir, also bloß in Begleitung der Spanischen Tänzerin und seines Hündchens, nannte er die Kronenqualle manchmal *Quatschglucke*: Er sei weder in seinem früheren noch in seinem gegenwärtigen Leben einer so unentwegt schwatzenden Universalbesorgten begegnet.

Meinem Einwand, daß Frau Horange Erzählkunst und Bemutterung vielleicht bloß einsetzte, um einen Gesprächspartner ein bißchen zu erweichen und zu privatesten Auskünften zu animieren, die sich dann zu erstklassigem Tratsch weiterverarbeiten ließen, hielt Reddish entgegen, daß ich mich in meiner offensichtlich unstillbaren Neugier dann ja wohl bald jenem Schwarm von Fischrotznasen anschließen würde, der die vermutlich schlimmste Klatschtante der Weltmeere umschwänzelte.

Wenn ich in Reddish nicht bloß einen boshaften, sondern auch höchst präzisen Informanten gefunden hätte, wäre die Lebensgeschichte dieser Kronenqualle wohl auch aus ihren Fischfunkerzählungen nach und nach zusammenzufügen gewesen, Erzählungen, die in Wahrheit niemals mehr waren als Selbstgespräche: konnten sie doch nur von einem wie mir oder dem gelegentlich auf seiner Tänzerin vorüberreitenden Reddish verstanden werden, keineswegs aber von ihrem silbrigen, sprach- und verständnislosen Begleitschwarm.

Schon nach verhältnismäßig kurzer Zeit wußte ich jedenfalls mehr aus dem Leben von Frau Horange als Reddish. Sie hatte ihr Oberweltdasein als Schwimmlehrerin in der panischen Angst vergeudet, einer ihrer Schützlinge würde trotz all ihrer Vorsicht und ihrer von regelmäßigen Trillerpfeifensignalen markierten, überbesorgten Schwimmlehrerinnenallgegenwart ertrinken.

Sosehr mir diese Kronenqualle nach der ersten Begeisterung, die ich über das Auf- und Abtauchen einer weiteren Schicksalsgefährtin empfand, mit ihren ständigen

Fragen nach meinem Befinden (*Wie blaß Sie aussehen, fehlt Ihnen etwas …? Was machen Sie denn heute für ein Gesicht?*) und so weiter auch auf die Nerven zu gehen begann, mußte ich mir doch eingestehen, daß weder oberhalb noch unterhalb des Meeresspiegels jemals ein grazileres, fragileres, luftig-leichteres Wesen um mich besorgt gewesen war als diese untergegangene Schwimmlehrerin.

Wie noch immer durchpulst vom Atem eines Glasbläsers, der sein schimmerndes, kunstvolles Werk eben in eine Welt der Schwerelosigkeit entlassen hat, schwebte sie durch die submarine Dämmerung und lud mit der Grazie einer Ballerina verspielte Zwerggrundeln, Lagunenbläulinge und andere hungrige Schwarmfischchen unter das Obdach ihres Mantels: Dort lockten nahrhafte Schwebestoffe, dazu bot sich dort auch Zuflucht vor jenen Feinden, die sich vor einer Qualle ekelten – oder sogar fürchteten.

In der Luftwelt hatte Frau Horange ihre unausgesetzte Angst, daß einem ihrer sinkgefährdeten Schützlinge zuviel Wasser in die Lungen geraten könnte, damit besänftigt, daß sie in ihren Mußestunden Aquarelle auf handgeschöpftem Büttenpapier sozusagen versickern ließ: Lotosteiche, idyllische Hafenansichten, ein von geblähten Segeln beflockter Schilfsee oder von Schmetterlingen umgaukelte Wasserfälle – Frau Horange hatte ihre verrinnenden Idealbilder einmal sogar in der Schalterhalle der Sparkasse ihres Vertrauens ausgestellt und war dafür in einem von ihr ansonsten tief verachteten Lokalblatt hochgelobt worden. Ach, wie wunderbar konnte die Wasserwelt schon damals sein.

Die Aquarellistin war jedenfalls durch ihren langjährigen Verlobten, einen Kampftaucher, den die Schiffsschraube eines Kanonenboots in die Invalidität gewirbelt hatte, zu ihrem Amt als Lehrerin, schließlich sogar Direktorin einer Schwimmschule gekommen. Denn als der geliebte Veteran zwei Monate vor der lange geplanten und so oft verschobenen Heirat den Spätfolgen seiner Kampfverletzungen erlag, war als bescheidenes Erbe die Schwimmschule *Delphin* an die Hinterbliebene gefallen. Der Invalide hatte die Schule einst als Fortführung seiner Karriere als Wasserkrieger an einem Schotterteich gegründet und später mit großem Erfolg ans Ufer eines schlammigen Waldsees verlegt.

Ach, Frau Horange, die Arme, die Gute … Ich habe sie noch nie gefragt, wie ihr denn ihr citrusfarbiger Name gefällt …, schließlich bin ich es ja, ich, dem sie ihn verdankt. Auch das submarine *Reddish* ist von mir, ebenso wie der Name jedes weiteren und aller noch in der Zukunft verborgenen Gefährten von mir kommen wird.

Seit ich weiß, daß ich hier unten nicht der einzige *Ehemalige* bin, verfahre ich nämlich mit meinen Schicksalsgefährten, wie jeder Forscher mit seinen Entdeckungen verfährt: Ich taufe sie. Schließlich tragen ja auch die Elemente des periodischen Systems, vom Argon bis zum Wasserstoff, die Eisvögel, Fischotter oder Rotalgen, die Schwertlilien oder Seeanemonen keine *eigenen* Namen. Ja selbst die fernsten, lichtschwächsten Sonnen, die *Schwarzen Raucher* des Marianengrabens und mit ihnen die gesamte Vielfalt der sichtbaren Welt – alle, alle werden sie von ihren Betrachtern, ihren Liebhabern, Eroberern, Erforschern getauft.

Daß ich mich als Täufer für englische Namen entschieden habe, ist zugegebenermaßen willkürlich und – wie so viele Taufnamen – mit einer Anekdote verbunden, hier mit einer Geschichte aus der Zeit zweier Abendkurse, in denen ich mir Grundkenntnisse in meiner ersten und einzigen Fremdsprache erwarb, um auskunftsbedürftige und deshalb schweißtreibende ausländische Museumsbesucher so schnell wie möglich wieder loszuwerden: Ich entdeckte damals während meines Vokabelstudiums in meinem eigenen Namen das wunderbare englische *blue.*

Blueher hatte ich mir bis dahin stets als eine Abwandlung der Blüte, des Blühens oder Verblühens gedeutet. Aber nun: *Blue!* Blau wie der Himmel über der Wolkendecke. Blau wie das Meer an seinen besten Tagen … Naheliegend, daß ich zur Einübung in das neue Idiom nun auch in anderen vertrauten Namen nach Farben oder ganz einfach nach Silben und Worten suchte, die mir über solche Eselsbrücken geläufig werden sollten. Darüber hinaus hatte mich damals auch ein Vortrag zur Farbenlehre höchst beeindruckt, der den Neuzugängen unter seinen Museumswärtern vom Direktor höchstpersönlich gehalten wurde, denn ernsthaft beschützt konnte nach den Worten unseres Direktors nur etwas werden, das dem Wächter von Grund auf vertraut war.

Am Ende seines Vortrags über Öl- und Wasserfarben, Pigmente, Grund- und Komplementärfarben, Wellenlängen und Spektralanalyse zeigte uns der Direktor jedenfalls einen handtellergroßen Kreisel, auf den die

Farben dieser Welt, auch das ein Wort des Vortragenden, in einzelnen, tortenstückartig angeordneten Segmenten aufgetragen waren. Diesen Kreisel ließ der Direktor von einem seiner Untergebenen drehen, dann surrend über den Tisch wandern, und wir sahen, pflichteifrig seufzend vor Bewunderung, wie alle diese leuchtenden Farben in diesem rasenden Tanz auf der Tischplatte zu einem einheitlichen, monotonen Weiß zerrannen.

Dieser *Newton'sche Farbkreisel* sollte übrigens später von jedem Wärter in Form einer Brosche, die ihr etwas altmodisches Design der Frau des Direktors verdankte, zumindest während der Dienststunden am Jackenaufschlag der Uniform getragen werden, nach Möglichkeit aber selbst an den Aufschlägen der Freizeitkleidung. Ich erinnere mich an eine strenge Ermahnung des Direktors, als ich mir nach einem sommerlichen, die *Museumsfamilie* fördernden Grillfest die Fingernägel mit der Broschennadel säuberte.

An diesen für ihn rätselhaften Schmuck der Wärteruniformen sollte sich ein weiterer Gefährte der *ersten Stunde* zu meiner freudigen Überraschung in einem ausführlichen Fischfunkgespräch erinnern: Herr Blackthorn, ein ehemaliger Installateur, dessen Bekanntschaft mir durch Frau Horange zufiel, hatte diese handtellergroßen Broschen als Tourist und Besucher einer Wanderausstellung über Seeschlachtgemälde in meinem Museum bemerkt, seiner Schüchternheit und mangelnden Sprachkenntnisse wegen aber nicht nach ihrer Bedeutung zu fragen gewagt. Die sollte er auf einem labyrinthischen Umweg erst erfahren, nachdem er seine etwas gedrungene oberirdische Gestalt zugunsten der eines höchst filigranen Geisterpfeifenfisches längst aufgegeben hatte.

Ich sah ihn zum ersten Mal, als er, wie mir schien, den gläsern durchsichtigen Mantelsaum der Kronenqualle küßte, ja, küßte! Ich war mir damals sicher, in Blackthorn nicht bloß einen Verehrer, sondern den Geliebten der Kronenqualle entdeckt zu haben, fragte aber aus Gründen des Taktes selbst Reddish nicht nach den wahren Verhältnissen. Auch war mir ein Rätsel, auf welche Art die beiden so etwas wie ein Liebesspiel betreiben sollten. Aber Fragen dieser Art durften eigentlich nicht Gegenstand ernsthafter Forschungen sein, jedenfalls bis auf weiteres nicht.

Herr Blackthorn stieß immer wieder zum Schwarm der durchscheinenden Fischchen, der Frau Horange überallhin folgte, und schien sich nicht daran zu stören, daß man in diesem Schwarm gelegentlich ein bißchen eifersüchtig nach ihm schnappte oder ihn sogar mit einem ansatzlosen Flossenschlag ohrfeigte. Wer solche Demütigungen erduldete, konnte nur verliebt sein. Ich blieb überzeugt: Herr Blackthorn war verliebt.

Aber nicht nur deswegen mochte ihm sein Unterwasserdasein im Gefolge einer mütterlichen Kronenqualle höchst lebenswert erscheinen, sondern auch aus Gründen, die sich mir erst durch ein System wohlgeordneter Fragen erschlossen, die Blackthorn bereitwillig beantwortete:

Ja, auch er habe das Wasser gehaßt. Diese Rohrbrüche, diese undichten Leitungen, diese vergeblich um die Gewinde verchromter oder billig vernickelter Auslaßhähne gewundenen Hanfsträhnen, diese wuchernden Schimmelpilze in muffigen Wasserklosetts ..., ach, wohin immer man ihn bestellt habe, überall warteten Pfützen, Flecken, Fontänen oder mauererweichende, alles durchnässende Rinnsale. Alpträume habe ihm sein Beruf beschert, der ihn dazu verdammte, alle diese verborgenen Quellen und Wasseradern entweder trockenzulegen oder in geordnete Bahnen zu lenken, über wohlgesicherte Leitungen von Haus zu Haus, von Wohnung zu Wohnung. Selbst in wasserspeienden, mit Massagedüsen und tellergroßen *Monsun*-Brauseköpfen ausgestatteten Luxusbädern war peinlich darauf zu achten, daß kein Tropfen die vorgeschriebenen Bahnen verließ.

Aber was war das für ein Leben. *Meister Undicht* hatte ihn der betrunkene Innungsmeister auf dem Jubiläumsfest eines Armaturenherstellers genannt, Meister Undicht!, wegen der vielen Beschwerden, die über Blackthorns tropfanfällige Dichtungskünste im Umlauf waren. Aus Undichts Rohren, hieß es in einer Schmähung, die der Verbreitung dieses Spottnamens folgte, aus Undichts Rohren würde selbst der Sand glühender, wasserloser Wüsten noch rieseln wie aus einem Salzstreuer.

Blackthorns älterer Bruder, ein von der Möglichkeit psychosomatischer Epidemien, von schamanistischen Heilpraktiken und den Prognosen der Astrologie zutiefst überzeugter Schleusenwärter in einem Speicherkraftwerk, fand seine Theorien vollkommen bestätigt, als der arme Installateur kurz vor dem Eintritt in den Ruhestand an einem Prostataleiden erkrankte und dann einer hartnäckigen Inkontinenz wegen stets eine Ersatzunterhose in seinem Werkzeugkasten versteckte, bis er sich nach langen inneren Kämpfen für das Tragen unauffälliger Windeln entschied.

Was für eine Erlösung, als Blackthorn am Festtag des Heiligen Nepomuk, dem Schutzpatron aller Brücken, in jenes himmlische Medium verschlagen wurde, in dem es keine nassen Unterhosen, keinerlei undichte Stellen und keine Feuchtigkeitsprobleme mehr geben konnte. Zwar blieb dem Installateur seine neue Gestalt als Geisterpfeifenfisch auch deswegen so fremd, weil er sich in seinem früheren Leben in keiner Weise als stachelbewehrt oder gar angriffslustig verstanden hatte, sondern vor allem als stets defensives, ja ausgeliefertes Opfer. Er erschrak zutiefst, als er sein Spiegelbild zum ersten Mal in der Brille eines Tauchers sah. Ich habe lange mit dem Gedanken gespielt, der *Geisterpfeife* (ich gebe zu: auch dies ein Spottname) den Namen Narziß zu geben. Aber ich hatte schließlich meine Prinzipien: Farben, es mußten englische Farben sein. Denn wie mir das Englische einst als Verbindung zwischen den verschiedenen Sprachen der Museumsbesucher gedient und mir so rasche Antworten und damit auch den schnellen Rückzug in meine Ungestörtheit ermöglicht hatte, so schien nun der Fischfunk in der Tiefe das oberweltlich babylonische Sprachengewirr zugunsten einer Art Universalsprache abzulösen. Alle Idiome und Dialekte, in denen die Verwandelten sich einst unter ihren alten Namen innerhalb ihrer Sprachfamilien verständigt hatten, flossen im tiefen Blau und der submarinen Stille ihrer neuen Existenz allmählich wieder zusammen in jene wortlose Urverständigung, in der Tiere schon seit je zwischen den Signalen der Bedrohung und der Geborgenheit zu unterscheiden vermochten, zwischen Zeichen der Aggression oder den Verlockungen des jeweils anderen Geschlechts.

In einer solchen Universalverständigung konnte es naturgemäß kein von Land zu Land, von Bucht zu Bucht oder von Süß- zu Salzwasser wechselndes Vokabular oder gar eine wechselnde Grammatik geben. Ein Regenwurm oder eine Nachtigall des indischen Subkontinents oder eine Stubenfliege aus dem Kongo blieben da wie dort Regenwurm und Stubenfliege mit durchaus individuellen Lebensgeschichten und hatten doch niemals Probleme, sich mit einem Artgenossen in einem mitteleuropäischen Dorf oder irgendwo im tibetischen Hochland zu verständigen, wenn es um fundamentale Bedürfnisse des Überlebens ging.

Gewiß, Regenwürmer und Fliegen unternehmen keine Interkontinentalreisen (wenn nicht in den Frachträumen eines Schiffes oder Flugzeugs), aber selbst weitgereiste, im Sturzflug herabschießende Zugvögel oder ein den ganzen Polarkreis durchwandernder und durchschwimmender Eisbär, der plötzlich aus einer Schneewächte hervorbricht, verstehen die Skala der Warnrufe sehr wohl, mit denen ein Opfer das eigene Leben oder das der ganzen Familie retten will – und reagieren entsprechend, erhöhen ihre Angriffsgeschwindigkeit oder täuschen plötzlich verlorenes Interesse vor, um dann, in der beginnenden Erleichterung der Beute, auf das tödliche Nachlassen der Wachsamkeit zu warten … Man versteht sich sozusagen global, wenn auch auf recht einfache Weise. Aber man versteht sich gut.

Fischfunk! Ich finde, Herr Reddish hat einen recht brauchbaren Namen für das gefunden, was uns die alte Sprache hier unten allmählich ersetzt. Natürlich schwirren auch hier und immer noch Worte durch unsere Köpfe, manchmal in dichter Folge durch unsere Träume und Tagträume, dann bloß vereinzelt und kaum noch verständlich nach langen Zeiten absoluter Wortlosigkeit. Aber wortlos heißt hier unten niemals: verständnislos.

Wie gut gelang doch beispielsweise schon während meines ersten Anfalls von Hungergefühl in der Tiefe die Kommunikation! mit einem kleinen Scheißerchen von Fisch, das sich krümmte und kleinzumachen versuchte, weil es dachte, ja, weil es *dachte*, meine Saugnäpfe fänden durch die Krümmung seines Körperchens weniger Angriffsfläche, weniger *Saug*fläche.

Armer Dummkopf. Er verstand mich sehr gut, was das Grundsätzliche meines Hungers anbelangte, verstand am Ende aber doch zu wenig. Denn ich bog mich mit ihm!, ahmte mit einem meiner Arme seine vermeintlich rettende Krümmung nach und setzte ihm *plop* und *schmatz* und *plop* einen Napf nach dem anderen auf den blinkenden Leib, *plop!* und zog den Imbiß an mein Maul, an meinen Schnabel, der die Taucher immer wieder an den Schnabel eines Papageis erinnert, und schnitt und schnippte mein Opferchen, mein *Pferchen*, mein *Chenchen*, mundgerecht entzwei. *Schmatz!*

Roher Fisch schmeckt tatsächlich köstlich, auch ohne

Ingwer und grünen Meerrettich wie in jener Sushi-Bar, die der allen Moden folgende Museumsdirektor im Foyer seines Hauses hatte einrichten lassen. Und diese letzten Zuckungen des Leckerbissens! Ich habe mich mit Reddish auf ein kulinarisches Prädikat geeinigt, das in der Oberwelt gelegentlich Weinen von den Rieden breiter Stromtäler verliehen worden war: Ein lebendiger Abgang.

Sprache? Natürlich brauchen wir für solche Urteile nicht unbedingt Worte, eine Sprache, aber wir verstehen uns. Plop! Schmatz. Plopplop!

Meine Englischkurse in einer Abendschule, die dem Museum gegenüberlag, ja die *Museumsstraße* sogar als Adresse führte, erscheinen mir so noch nachträglich als eine Art Einübung in die Universalsprache der Tiefe, in der das babylonische Ausdrucksgewirr endlich verklang. Manchmal frage ich mich allerdings, ob nicht doch jeder von uns *Ehemaligen*, insgeheim und soweit es der schwindende Sprachschatz erlaubt, in sein altes Idiom übersetzt, was er aus nächster Nähe oder aus den Abgründen des Ozeans vernimmt.

So ergänze und verwandle schließlich auch ich alle Namen, die mir, kaum zugetragen, auch schon wieder entfallen, und setze an die Stelle der vergessenen Silben und Lautfolgen – Farben:

Rot. Red. Reddish.

Orange. Horange.

Und später: Blackthorn. Und Whitey. Und Purpleheart. Und Greenfinch. Und so fort. Ich habe – uraltes

Forscherglück! – ein Prinzip: Ich streue meine eigenen Namen über meine neue Welt.

Daß ich mittlerweile über weite Strecken der Lebensläufe meiner Schicksalsgefährten ausführlicher berichten kann, als sie selber es vermögen, ist auch Ergebnis und Fortsetzung einer Freiheit, die sich jeder Täufer nehmen darf. Denn keiner – wie genau seine Fragen und Recherchen auch immer waren –, keiner kann wirklich alles wissen, jeder ergänzt Leerstellen, blinde Flecken durch Vermutungen, überbrückt mit seinen Hypothesen Abgründe, von deren Tiefe er noch zu wenig oder gar nichts weiß, überpinselt, spinnt weiter …

Keine Frage, daß dabei das nackte Faktum etwas zu üppig vervollständigt oder zu dick übermalt werden kann und die Unterscheidung zu verschwimmen beginnt, was denn nun Phantasie, was Hypothese und was Tatsachenfeststellung sei. Aber solche Probleme und Verfahrensweisen sind schließlich auch in den Luftweltwissenschaften weder unbekannt noch unbeliebt.

Die Geschichte von Frau Whitey, nur beispielsweise, einer ehemaligen Ministerin: Was hätte eine genaue Unterscheidung schon gebracht, die sie einmal als populäre Volksvertreterin, als beredte, ausschließlich um das Wohl der Menschen besorgte Visionärin zeigte, dann wiederum bloß als etwas zu buntgekleidetes, lebhaft an der eigenen Laufbahn und der Ausschüttung von Diäten interessiertes Mitglied eines insgesamt ähnlich gestimmten Parlaments?

Am vorläufigen Ende ihrer Karriere und verschiedenster Sichtweisen meinerseits war sie eben doch nur ein schön gemustertes Flohkrebschen, das selbst auf einen hartnäckigen, ausschließlich auf seine Fortpflanzung und die dazu notwendigen Praktiken versessenen Begleiter so unaufhörlich einsprach, als gelte es, dabei eine Wählerstimme, in diesem Fall: ein Wählerstimmchen, zu gewinnen. Selbst dem objektivsten Forscher wäre am Ende wohl nur die Feststellung geblieben, daß Madame Whitey vermutlich zu allen Zeiten ihres Lebens an der Luft ein bißchen von allem gewesen war. Für mich blieb das Wichtigste an ihr, daß sie ganz und gar meine Entdekkung war. Selbst Reddish hatte von ihrer Existenz noch nie auch nur das leiseste Fischfunksignal empfangen.

Als ich ihr und ihrem höchst aufmerksamen, dabei völlig verständnislos lauschenden Begleiter zum ersten Mal begegnete, wollte ich beide, wie soll ich sagen … fressen. Ja, ich wollte sie fressen. Nicht aus Hunger, den hätten die Winzlinge selbst in größerer Zahl nicht zu stillen vermocht, eher aus einer Art beiläufigem Ordnungssinn, so, wie ich früher einmal Brösel von der Tischdecke mit einer speichelbefeuchteten Fingerkuppe aufgepickt und zum Mund geführt hatte, ohne mir dabei recht bewußt zu werden, was ich tat.

Ich hatte meine Tentakel bereits in Richtung der beiden in Stellung gebracht. Sie waren auf einer Blasenkoralle völlig mit sich beschäftigt und hätten wahrscheinlich erst unter meinem Schnippschnabel den Ernst des Lebens in einem letzten Augenblick begriffen, als ich ein piepsendes, aber höchst eindringliches Fischfunksignal empfing. Das Signal stammte eindeutig von meiner Beute.

Ich entspannte meine Tentakel und Greifarme augenblicklich, räusperte mich zum unwillkürlichen Ausstoß eines kaum sichtbaren Tintenwölkchens und funkte: *Guten Tag, Salaam aleikum, how are you. Mit wem habe ich das Vergnügen?*

Die zugegebenermaßen etwas infantile Anrede entsprach der großartigen Laune, in die mich meine Entdeckung versetzte, war ich doch sicher, endlich auf ein submariniertes Kind gestoßen zu sein, auf den wasserköpfigen Liebling eines Genforschungsinstitutes vielleicht oder einen auf Wasser allergischen Grundschüler. Aber wie bei allen Begegnungen mit tatsächlichen oder vermeintlichen Vertretern eines Volkes verflog meine Laune rasch, denn Whitey wandte sich blitzartig von ihrem Begleiter ab und mir zu und setzte ihren Monolog, in dem es um die Notwendigkeit der Reinhaltung der Meere ging, in meine Richtung fort. Offensichtlich ohne dabei von etwas anderem Notiz zu nehmen als von meiner zumindest für sie beeindruckenden Größe.

Wenn meine bisherigen Forschungsergebnisse nicht trügen, hatte Frau Whitey schon in ihrem parlamentarischen Luftleben stets mehr auf die Wirkung ihrer Reden geachtet als auf deren Inhalt. Selbst wenn sie den katastrophalen Zustand der Meere oder das drohende Aussterben ganzer Fischvölker beschwor, hatte sie nie vergessen, ihre eigene oder wenigstens die Bedeutung der Partei als Problemlöser wieder und wieder zu erwähnen.

Aber genaugenommen hatte Frau Whitey das Meer gehaßt, das heißt: die ihr anvertrauten Untersuchungen gehaßt – etwa über die Folgen der Erderwärmung auf den globalen Verlauf von Stränden, den Anstieg des Wasserspiegels durch den Zufluß geschmolzener Gletscher, die Verwüstung des Meeresbodens durch pflügende Grundschleppnetze und die Ausrottung ganzer Arten als bloßen *Beifang*, der als Abfall verfüttert oder verstümmelt zurückgeworfen wurde in die leerer und leerer werdenden Fanggründe. Diese Aktengebirge! Diese Datenströme!, Datenfluten über Dünnsäureverklappung auf hoher See, über wirkungslose Abwassersysteme, Flutwellen, algenverseuchte Küsten, Korallensterben, Fischpest, Ölteppiche … und so fort.

Aber seit jene Parlamentspartei, in der es Whitey bis zur Abgeordneten, dann sogar zur Senatorin gebracht hatte, durch eine überraschend gewonnene Wahl bei der Verteilung von Posten in Personalnöte geraten war, mußte sich die Arme, die den Schwerpunkt ihres politischen Auftrags bis dahin vor allem im prompten Heben der Abstimmungshand im Sinne ihrer Partei gesehen hatte, als zuständige Fischereiministerin um Fragen des Meeres kümmern. Und das bedeutete Arbeit.

Natürlich waren die fachlichen Anforderungen für eine Ministerin auch unter diesen Umständen nicht allzu hoch, aber Whiteys leichter, weder besonders karrierestörender noch außergewöhnlicher Mangel an Kompetenz ließ Besprechungen mit Sachbearbeitern, Umweltschützern oder selbst ihren eigenen Redenschreibern zu erschöpfenden, qualvollen Verpflichtungen werden.

Und dazu diese stundenlange Anwesenheitspflicht im Ministerium! Auch diese nur mit größter Vorsicht und Zurückhaltung beantwortbaren Unverschämtheiten auf Pressekonferenzen oder in den Fragestunden des Parlaments entfachten in Whitey schließlich einen solchen Haß auf das Meer, daß selbst die Verdampfung der Ozeane ihr zunächst nur als das Ende lästiger, ja unerträglicher Verpflichtungen erschienen wäre. Aber einer gewählten Volksvertreterin blieb schließlich keine Wahl: Ihr Weg nach oben führte plötzlich nur und ausschließlich über das Meer. Über dieses verfluchte Meer.

Dabei hatte es Zeiten gegeben, in denen sie – damals noch eine unverzeihlich oft übersehene Abgeordnete – selbst an kurzen Wochenenden ans Meer gefahren war und dort im Lauf der Jahre Hunderte Sonnenuntergänge fotografiert hatte, Untergänge mit und Untergänge ohne Segelboote, Untergänge vor dramatischer Bewölkung oder einem leeren Himmel, der als einzigen Schmuck Kondensstreifen trug. Untergänge in allen Stimmungen und Farben.

Nur ins Wasser, ins Wasser wollte Whitey selbst bei Windstille und glatter See niemals weiter als bis zu den Knien, denn zu den bestgehüteten Geheimnissen ihrer politischen Laufbahn, ja ihres ganzen Oberweltlebens hatte gehört, daß sie Nichtschwimmerin war.

An Whiteys Wasserproblem schien mir lange Zeit gerade das Unauffällige bemerkenswert. Denn vielleicht hätte *ihr* Meereshaß unter anderen Umständen nicht ausgereicht, sie in unsere Tiefe hinabzuführen. Aber der Umstand, daß sie sozusagen ein ganzes Volk vertrat (von dem wiederum gewiß ein ziemlich großer Teil wasserscheu war oder zumindest den Untergang fürchtete), muß diesen Mangel wohl ausgeglichen haben. Außerdem entdeckte ich unter den von mir erforschten Fällen durchaus einige, deren Wasserscheu oder -haß als *Verwandlungsfaktor* noch schwächer ausgeprägt zu sein schien als der Whiteys oder sogar in sein Gegenteil verkehrt: Auch Wasserliebe, Wasserleidenschaft, ja Wassersucht (wenn auch in selteneren Fällen) konnte eine Luftweltexistenz zum Grund führen.

Bei Frau Purpleheart etwa, meinem komplexesten Fall, habe ich sehr, sehr lange gebraucht, um den Verwandlungsfaktor nach einer Reihe gescheiterter Versuche überhaupt zu bestimmen. Ein Erfolg, der mich am Ende allerdings zu einer Erweiterung meiner Hypothesen zwang: Demnach waren es zwar durchaus Angst oder Haß auf den Aggregatzustand des Flüssigen, vor allem aber der Grad der Leidenschaft im Verhältnis zu allem Fließenden, Wässrigen, Verrinnenden, der eine Versetzung in die Tiefe beförderte und bedingte. Jawohl!, die in ihrer absoluten Gültigkeit der Gravitation ähnliche Verwandlungskraft war offensichtlich die Leidenschaft.

Es war ausgerechnet während eines tagelang wütenden Orkans, der selbst die Ruhe des Grundes störte und in meinen Jagdrevieren jähe Wirbel und Strömungen verursachte, als aus den tiefsten Lagen meines Gedächtnisses die Erinnerung an etwas hochstieg, wofür ich noch kein Fischfunksignal kannte, sondern nur eines jener verblassenden Worte meiner alten, nur noch in Träumen und tranceartigen Selbstgesprächen wiederkehrenden Sprache: Liebe.

Liebe? War das der korrekte Ausdruck? Ich war mir nicht mehr sicher. Aber ich hatte kein besseres Wort.

Was war also hier unten aus jener magnetischen Kraft geworden, die in der Luftwelt so viele Dramen entstehen, so viele Tränen des Glücks oder der Trauer fließen ließ, so viele Lieder, Gedichte, hauchzarte Aquarelle, Porträtminiaturen, parfümierte, mit gepreßten Blütenblättern befrachtete Eilpostbriefe notwendig gemacht und sogar Kriege erzwungen hatte: Rosenkriege, Stammeskriege, Trojanische Kriege, Bürgerkriege …

Naturgemäß spürt jeder von uns auch und gerade in der Tiefe den periodisch wiederkehrenden Drang, sich mit einem Wesen der eigenen Art zusammenzutun. Auch hier in der blinden Hoffnung, über kleinere oder größere Schwärme von Nachkommen eine Art Zukunft zu sichern. Kompliziert wird die Angelegenheit hier unten bloß dadurch, daß eigentlich keiner von uns genau weiß, ob der Körper, in dem er steckt, der eines *Männchens* oder eines *Weibchens* ist. Die teils spastisch verrenkte, teils fließende, geradezu meditative Fortpflanzungsgymnastik, die wir gelegentlich über dem Grund schwebend oder tanzend zwischen aufgewirbelten Sandfontänen betreiben – ist unser jeweiliger Part daran der eines künftigen Vaters oder der einer in guten Hoffnungen schwelgenden, erwartungsvollen Mutter? Bin ich männlich? Bin ich weiblich?

Ich erinnere mich noch gut an die drohenden, in der

Vulgärsprache der Oberwelt gemachten Ankündigungen, ein Objekt des Hasses oder der Lust so lange zu prügeln oder zu vögeln, bis es nicht mehr unterscheiden könne, ob es *Männlein oder Weiblein* sei. Manche in unserer Tiefe wissen es tatsächlich nicht mehr.

Aber, frage ich mich, ist der Mangel an Wissen um unser Geschlecht besonders außergewöhnlich? Was hatten wir denn in der Luftwelt schon von unseren Körpern gewußt?, was von den Mysterien der Zellen, den chemoelektrischen Feuerwerken des Nervensystems oder auch nur den Geheimnissen einer befruchteten Eizelle? Gab es nicht auch dort oben viele, die sich im falschen Körper gefangen glaubten?

Herr Reddish zum Beispiel – solche weitreichenden Geständnisse machte er mir allerdings erst nach solider Vertiefung unserer Vertrautheit –, Herr Reddish hatte dort oben gelegentlich in Frauenkleidern vor dem Spiegel seines Schlafzimmers posiert und war hier unten ganz verliebt in den Gedanken, daß der weiß gepunktete, prachtvolle Panzer, in dem er auf seiner Spanischen Tänzerin ritt, der Hochzeitspanzer eines Weibchens war. Wie sah denn ein Imperialgarnelenmann eigentlich aus? Und wie sein Weibchen oder Liebchen? Na eben.

Wir drehten, krabbelten und schwammen und tauchten zwar anscheinend immer noch im Dienst der vermeintlichen Weitergabe unserer Krebs- oder Garnelen- oder Kalmargene, wußten aber von den rätselhaften Hintergründen dieses Geschehens so wenig wie je.

Ganz sicher, ein Männchen zu sein, war selbst ich nur dann, wenn zur Paarungszeit geradezu psychedelische

Farbenspiele über meine Haut zu jagen begannen, Spektralfarbenschauer, fließende, wie von innen her leuchtende Muster …, ein Schauspiel, das ohne jede Willensanstrengung einsetzte, wenn eine Artgenossin – oder doch ein Genosse? – meiner Wege schwamm. Ein unter seiner betörenden Farbenpracht erzitternder Riffkalmar, war ich dann auf jede nur erdenkliche Spielform der Sexualität gefaßt. Ob, was ich tat, besonders männlich war oder besonders weiblich, blieb dabei ohne Bedeutung.

Befruchtete gallertige Eier, die ich in den Tagen und Monaten nach der Ekstase wie Lampiongirlanden an den Deckengewölben unterseeischer Höhlen pendeln sah, erzeugten auf meiner Haut kaum einen Schimmer – dies immerhin ein Indiz für meine Männlichkeit. Allerdings war ich mir nicht absolut sicher, ob ich es nicht selber gewesen war, ich!, der in seinem Mutterglück und noch benommen vom Rausch der Fortpflanzungstänze, diese Girlanden dort befestigt hatte. Verheißungsvoll schaukelten sie nun in sanften, dahin und dorthin ziehenden Strömungen. Aber Liebe? Hatte das alles mit Liebe zu tun?

Was für ein Schock, als eines Tages Frau Purpleheart in mein submarines, doppelbödiges Triebleben schwamm. Ich erinnere mich, daß ihre Erscheinung an einem von leuchtendem Plankton fast weihnachtlich gestimmten Abend, das tiefe Rot ihrer Lippen, die flaumigen Härchen an ihrem Kinn, ihre zarten Flossen, die ihr nicht nur graziöse Schwimmbewegungen, sondern auch einen exotischen, stelzenden Gang über den Grund erlaubten, nahezu augenblicklich ein solches Begehren in mir auslösten, daß ich meine Greifarme sozusagen verknoten mußte, um nicht über sie herzufallen.

Frau Purpleheart gehörte zwar zu meiner Schicksalsgemeinschaft, aber keineswegs zu meiner Art. Ich war Reddish trotz des herablassenden Funktones in seiner Antwort außerordentlich dankbar, als er mir mitteilte, daß Frau Purpleheart nach Luftweltkategorien zu den *Fledermausfischen* gehörte. Sie selbst interessierte sich in keiner Weise für derlei Klassifikationen.

Ich bin, was ich war, pflegte Purpleheart zu funken, wenn es um ihre Vergangenheit an der Luft ging. Denn unter allen Ehren, die ihr dort oben erwiesen worden waren, blieb ihrer Meinung nach die einer nationalen Schönheitskönigin die weitaus bedeutendste. Purpleheart war in ihrer Jugend als Faschingsprinzessin, Winzerkönigin und sogar als vielbewundertes Nummerngirl bei einem Boxkampf um die Weltmeisterschaft im Schwergewicht aufgetreten (und hatte in den Wochen danach als beneidete Freundin des K.-o.-Siegers einer Frauenzeitschrift und einem Sportsender Interviews gegeben). Auch wenn mich dieser Fledermausfisch in vieler Hinsicht vor dramatische wissenschaftliche Probleme stellen sollte – auf den Ebenen meiner drei Herzen verstand ich problemlos, daß Purpleheart begehrenswert war. In ihrer Nähe begann meine Haut, irisierend zu leuchten.

Zwar hat meine Leidenschaft für die Schöne keineswegs nachgelassen, aber mittlerweile bin ich auch als nüchterner Forscher zu dem Schluß gekommen, daß unsere artübergreifende Affäre ein fernes, verklingendes Echo aus unserem früheren Leben sein muß. Natürlich kann dieses Verhältnis weder den Fledermausfischen noch den Riffkalmaren bei der Erhaltung ihrer Art dienen, aber gerade das Zweckfreie unserer Beziehung weist weit über den Meeresspiegel hinaus.

Wenn Purpleheart mir mit ihren Kiemen laues Wasser zufächelt oder mir erlaubt, einen meiner Greifarme Saugnapf für Saugnapf *plop, plop, plop* in einer Art Serienkuß über ihre unglaublich roten Lippen zu führen, dann empfinde ich jenes Glück, das vielleicht nur jenseits der Verpflichtungen zur Erhaltung der Art möglich ist. Schon der bloße Gedanke an einen der zahllosen Kosenamen, die ich ihr zufunke, kann meinen Körper in ein irrlichterndes Farbenspiel verwandeln.

Purplehearts Leben an der Luft war – auch das eine Entdeckung, die mein leidenschaftliches Interesse für sie nur vertiefte – nicht! von der Angst oder dem Haß auf alles Wässrige gezeichnet gewesen, sondern im Gegenteil von einer permanenten, panischen Besorgnis, auszutrocknen, faltig zu werden, zu verdorren, kurz: zu altern.

Selbst in der Blüte ihrer Karriere hatte sie einen geradezu heroischen Kampf gegen das drohende Austrocknungsübel geführt und sich Gurkenmasken auf das Gesicht gelegt, hatte Bäder in Stutenmilch genommen, Feuchtigkeitscremes eimerweise in ihre Seidenhaut einmassiert und weit über das medizinisch empfohlene tägliche Quantum hinaus Quellwasser, Mineralwasser, zur Not sogar fades, destilliertes Wasser getrunken.

In ihrer Angst vor dem Wasserverlust war sie sogar bereit gewesen, ihre Lippen mit unzähligen, von Mal zu Mal schmerzhafter werdenden und dennoch wöchentlich in der Praxis eines Schönheitschirurgen verabreichten Injektionen wieder so voll und schön erscheinen zu lassen wie die eines erblühenden Mädchens. Cellulitis, Orangenhaut, haarfeine Runzeln um Augen und Mundwinkel – Purpleheart hatte jedes noch so kleine Zeichen der Zeit als Wassermangel gedeutet und bekämpft.

Wie jeder Verliebte in der Luftwelt konnte auch ich selbst auf dem Höhepunkt meiner Leidenschaft nicht mit Bestimmtheit sagen, was es war, das mich an Frau Purpleheart fesselte. Reddish, als er noch keine Ahnung von meinem dreifach aufflammenden Herzensfeuer hatte, nannte sie eine *steindumme Tiefseegurke* und war verwirrt, als ihn von mir kein zustimmendes Signal, sondern bloß ein strafender Blick erreichte.

Meine Gefühle für dieses betörende, kindliche Wesen haben wohl mit Purplehearts rührender Beharrlichkeit zu tun, mit der sie ihr *ich bin, was ich war; ich bin, was ich war* selbst in unseren innigsten Momenten wiederholt. Diese unschuldige, maßlose Fehleinschätzung unserer submarinen Existenz rührt mich, bannt mich und läßt mich alle Greifarme und Tentakel immer wieder nach einem Weibchen ausstrecken, das mir im Normalzustand meiner Herzen vielleicht bloß als ein gefundenes Fressen erscheinen würde.

Denn in meiner Liebe zur kindlichen Einfachheit – Reddish lästerte: zur Einfältigkeit! – fand ich schließlich einen ersten Hinweis auf jene Naturgesetze, die offensichtlich allem Zugrundegehen zugrunde liegen: Unsere Verwandlung, besser: Submarinierung, repräsentierte offensichtlich keinen Rückschritt innerhalb des evolutionären Prozesses, sondern ganz im Gegenteil einen dramatischen Fortschritt – vielleicht sogar einen Schritt auf etwas zu, das einmal das Paradies gewesen sein mußte, der Garten Eden, jedenfalls aber Spielplatz, Sandkiste eines namenlosen Schöpfers.

Das aber konnte durchaus bedeuten, daß nach und nach nicht nur Wasserhasser wie Wassersüchtige, sondern alle Bewohner einer allmählich zur Wüste werdenden Oberwelt nach der Vollendung ihres Jahrhunderttausende andauernden Zerstörungswerkes *Huschhusch!* zurück in die Meerestiefe mußten. Und dort heraus aus den Kleidern!, heraus aus den Trachten, den Uniformen, den Panzern von Säugetieren, Wirbeltieren und natürlich und erst recht auch aus jenem wässrigen Körper, der einmal den Titel *Homo sapiens* geführt hatte …

Und dann nichts wie hinein in die Gestalten von Kiemenatmern, Wirbellosen, von Nacktschnecken und Quallen und weiter, immer weiter zurück und hinab, vorbei an den Lebensräumen meiner gegenwärtigen Artgenossen, den Tiefseekalmaren, den Glas- und den Kakadu- und den Ferkelkalmaren bis in die Finsternis elftausend Meter tief klaffender Meeresgräben, hinab zu den Kraterrändern hydrothermischer *Schwarzer Raucher*, in deren giftigen Wolken ein von Sonnenlicht und Photosynthese völlig unabhängiges Leben wirbelt. Erst irgendwo dort unten, am Ende aller Vereinfachungen und simplifizierenden Verwandlungen konnte doch alles noch einmal und alles von vorne beginnen und diesmal vielleicht zu überzeugenderen Resultaten führen.

Als ich Reddish in diese Überlegungen einweihte, klopfte er mit einer seiner Scheren gegen den Mantel der Spanischen Tänzerin und sagte, *hör zu, hör zu!, alter Trampel, auch aus dir kann noch was werden!* Er nahm mich nicht ernst. Ich ließ mir zwar meine Enttäuschung darüber nicht anmerken, zog ihn in dieser Sache späterhin aber nicht mehr ins Vertrauen und blieb überzeugt:

Sprechende, denkende, über Namen, Adressen und Bewußtsein so selbstverständlich wie achtlos verfügende Luftweltwesen gehörten offensichtlich nicht zur Spitze der evolutionären Pyramide, sondern bloß zu deren Fundament, zur breitgestampften Basis, von der sich erst alles wieder verjüngen, verschmälern, einfacher werden und neu aufsteigen durfte bis zu jener Spitze, an der ein letzter und gleichzeitig erster Bestandteil der Ober- wie der Unterwelt in seiner reinsten Form funkelte: das Wasserstoffatom, ein einziges Wasserstoffatom!

Wasserstoff, das mehr als vierzehn Milliarden Jahre alte und damit älteste Element des Universums, entstanden in Millionenbruchteilen einer Sekunde nach jenem Urknall, der wohl eher ein Ur*platsch* gewesen war …, Wasserstoff, mit dem alles angefangen hatte, einem Element, das in der bekannten Materie eintausendmal häufiger vorkam als alle anderen Elemente zusammen und das über die einfachste Struktur aller Elemente verfügte: Zwei Atome dieses Stoffs oxidierten, *verbrannten* mit einem einzigen Sauerstoffatom zu Wasser! Wasserstoff hieß also unser (vorläufiges) Ziel.

Wenn ich Purpleheart voll Stolz von meiner Theorie der erweiterten, sozusagen fortgesetzten Evolution erzählte, machte sie oft einen Kußmund und seufzte *ach, du*. Einmal fächelte sie dabei mit einer ihrer entzückenden Seitenflossen den Exkrementwirbel eines Zebrafisches aus unserem Weg – für sie eine Delikatesse, deretwegen sie ansonsten den Zebraschulen sogar nachschwamm. Aber Verständnis? Sosehr mich das unschuldige Wesen meiner Liebsten auch rührte und mich dazu trieb, sie immer wieder zu umschlingen, Verständnis konnte ich von ihr wohl nicht erwarten.

Wenn wir uns während unserer Promenaden und stillen Stunden in Korallengärten manchmal ohne große Wehmut verblassende Erinnerungen an unsere Kindheit in der Oberwelt zufunkten, gerieten wir immer auch ans Meer, sahen uns an flachen Stränden mit bloßen Händen Kanäle ausheben und mit der Errichtung von Sandburgen und im wahrsten Sinn überflüssigen Verteidigungswällen gegen die Brandung beschäftigt.

Schon damals, funkte ich Purpleheart einmal zu, schon damals sei uns doch eindrucksvoll vorgeführt worden, daß Brandung und Gezeiten jede unserer Schöpfungen zermahlen, auflösen mußten, um uns zur Erfindung und Verwirklichung neuer Sandgestalten, Sandgesichter, Sandkröten zu verführen, zu Festungen, Wehrgräben, Schlachtfeldern, Gärten, Labyrinthen, Liebesnestern, alles aus Sand. Ohne die Flut müßte schließlich alles beim alten bleiben und bloß stumpfer und stumpfer werdend altern, um am Ende doch in sich zusammenzusinken. *Ach du*, antwortete sie, *ach du*.

Wenn wir gelegentlich beide am Heimweh nach den Wolken leiden, nach blühenden Wiesen, den Winden und frischer Luft in den Lungen, trösten wir uns, indem wir weiterschwimmen, einfach weiter, über versunkene Flotten hinweg, von Muscheln besetzte Schlachtschiffe, über brennend vom Himmel gefallene, nun von Korallen und Polypen gefiederte Langstreckenbomber, schweben dahin über einen mit Kisten, Wrackteilen und Fässern übersäten Grund, über korrodierende Container, gefüllt mit allem, was an der Oberwelt jemals begehrt, umkämpft, gepriesen oder verboten war, Nervengiften, nuklearen Abfällen, Munition, Steinkohlen, Maschinen, Tretminen oder Silber- und Goldbarren, für deren Verladung ganze Völker ausgelöscht wurden. Und dann läßt unser Heimweh nach.

Zu den größten Liebesdiensten, die mir Purpleheart erwiesen hat, gehören wohl ihre Erzählungen von einer schwarzen, fabelhaften Nacktschnecke, die an ihren Rändern phosphoreszierend leuchten soll, ein gespenstisch schönes, schweigsames Wesen, das Purpleheart kurz und knapp ihren *Ex* nannte: mein Vorgänger.

Die liebevolle Hingabe, mit der sie von den Vorzügen dieser Schnecke sprach, irritierte mich einerseits, führte mir andererseits aber auch vor, wie tief sich schon die bloße Erinnerung an etwas wie Liebe auch über ausgestandene Rosenkriege, über Mißverständnisse und Trennung hinweg eingraben konnte. Wenn mir ihre Schwärmereien allzu wolkig wurden, versuchte ich, sie zu bremsen, etwa mit der Frage, ob es denn nicht die verklärende Kraft der Erinnerung sei, die ihr die *elegante* Erscheinung ihres Ex tatsächlich so *samtschwarz* und seine leuchtenden Ränder tatsächlich so *rotgolden* ins Bewußtsein rief. Aber dann knabberte sie mit ihrem Rotlippenmund an den Saugnapfreihen eines meiner Arme und funkte *mein süßer Kopffüßler wird doch nicht eifersüchtig sein?*

Mir ist Purplehearts Ex bis heute nicht über den Weg geschwommen – oder gekrochen? Wie bewegte er sich eigentlich fort? Purplehearts Funksignal dazu hieß ungefähr: *Er fließt!* Trotzdem beginnt mich dieses Phantom mehr als alle anderen meiner Schicksalsgefährten zu beschäftigen. Nicht allein, weil er als der Ex meiner Liebsten über den Meeresgrund – also gut: *fließt*, sondern weil er uns allen hier in seiner edlen Einfalt und stillen Größe auf unserem Weg der zunehmenden Primitivität einen guten Schritt voraus zu sein scheint.

Ohne ihm je anders als in den Lobreden meiner Liebsten begegnet zu sein, habe ich ihn auf den Namen *Greenfinch* getauft, um dem Schwarz und dem Rotgold von Purplehearts Beschreibungen eine etwas profanere Farbe entgegenzusetzen, aber auch, weil mir das Green noch auf jener Newton'schen Farbpalette fehlte, die im Verlauf meiner erweiterten Evolution alle Farben zum reinsten, vollkommensten Weiß verwirbeln soll.

Greenfinch war offensichtlich Wasserbauingenieur gewesen, genauer: Staudammbaumeister, und mußte gegen Ende seines Luftlebens Beruhigungsmittel und andere Medikamente gegen nächtliche Angstträume einnehmen, Alpträume, in denen er Dammkronen unter dem Wasserdruck riesiger Stauseen bersten und dann die ungeheuerlichsten Flutwellen davonrollen sah, turmhohe, himmelhohe, brüllende Wasserwalzen, die alles unter sich begruben und nichts hinterließen als Ruinen, Tote, Schutt und einen großen Morast.

Schlimmer als alle diese Traumbilder aber war der nach allen Sintfluten monoton wiederholte Vorwurf, der Dammbaumeister! trage alle Schuld. Er habe in seine Werke nicht genug warnende Klinometer eingebaut, nicht genug Pegel und Pendel und andere, alle Verformungen der Mauern registrierende Meßinstrumente. Der verfluchte Dammbaumeister habe also das Inferno der Wasserkräfte nicht gebändigt, sondern entfesselt.

Greenfinch, erzählte Purpleheart, habe seine Oberweltträume gefürchtet wie Anfälle von Wahnsinn und sei über diesen Ängsten immer melancholischer, *schwarzgalliger* geworden, bis ihn seine Submarinierung endlich zum *Frieden der Tiefe* befreite.

Natürlich konnte ich nicht umhin, Purplehearts Überschwang wieder einmal zu dämpfen, indem ich sie daran erinnerte, daß selbst hier, in unserer unmittelbaren Nachbarschaft, das Personal des Überlebenskampfes nicht bloß aus zufriedenen, satten Wesen bestand, sondern vor allem aus Opfern: Die Harlekingarnelen etwa in jenem Korallenwäldchen, das Purpleheart gelegentlich im Schlepptau einer Zebrafischschule durchschwamm … Wußte mein Liebchen denn nicht, wozu diese buntgepanzerten, wie Missionare der Heiterkeit kostümierten Waldbewohner fähig waren? Die hielten sich Seesterne als Haustiere und trennten ihnen je nach Hunger und Freßlust mit ihren Scheren einen Sternenarm nach dem anderen ab und fraßen die amputierten Körperteile dann vor den Augen ihrer Gefangenen. Und damit nicht genug, entließen sie die Sterne nach ihrer Verstümmelung nicht, sondern vereitelten alle, mit jedem verlorenen Arm mühsamer werdenden Fluchtversuche, um nach der Abtrennung des letzten Sternenglieds auf die dünnen Ersatzärmchen zu warten, die aus den Stummeln nachwuchsen, auf gezogenes Frischfleisch sozusagen, zarter, schmackhafter als das der ersten Ernte. Erst wenn ein solcher Hausstern bis zur Erschöpfung seiner Regenerationsfähigkeit den Hunger der Harlekine gestillt hatte, wurde er seinem Schicksal überlassen, und die Jagd nach einem neuen Opfer konnte beginnen. Der Friede der Tiefe!

Aber – und das versuche ich meiner Liebsten bislang vergeblich zu erklären – dieser Friede kann ohnedies nicht das Ziel aller Verwandlungen sein. Vielleicht war Greenfinch, ihr eigener Ex!, dieser Einsicht sogar näher gewesen als je einer vor ihm. Er soll ja nach den Erzählungen Purplehearts auch als zur Nacktschnecke befreiter Dammbaumeister immer einsilbiger geworden sein, diesmal allerdings, so vermute ich, nicht aus Melancholie, sondern weil er auf dem Weg der fortschreitenden Vereinfachung nach und nach alle Zeichen der Verständigung, alle Signale und Erinnerungen an die Oberwelt abzustreifen begann.

Für Purpleheart war die äußerste Signalarmut, in der ihre Beziehung zu Greenfinch schließlich endete, nur eine ebenso rätselhafte wie bedauerliche Persönlichkeitsstörung. Was sei denn aber mit einer Schnecke bei aller Liebe noch anzufangen gewesen, die zwar nackt und rotgolden schimmernd wie ein Sinnbild der Verführung durch alle Tiefen kroch oder floß, gleichzeitig aber vollkommen funkstill blieb?

Selbst wenn er meine Wege niemals durchkreuzen sollte, gilt Greenfinch für mich mittlerweile als Wesen der Zukunft: So oder ähnlich einfach muß unsereins erst einmal werden! Aber auch als wirbel- und rückgratlose Primitivlinge werden wir noch lange kein schlichtes Ende gefunden haben, sondern weiter müssen, immer weiter durch alle Verbindungen und Kombinationen der Kohlenwasserstoffwelt hinab, hinauf! zu den simpelsten Molekülen, zwischen denen endlich die Befreiung aus allen Verbindungen winkt: die Verwandlung in einen Schwarm unteilbarer Teilchen.

Erst jenseits dieser famosesten aller Metamorphosen, dort, wo alle Formen und Gestalten wieder bloße Möglichkeit und keine einzige mehr Wirklichkeit waren, durften doch die alten Kräfte von Gravitation und Elektromagnetismus erneut wirksam werden und die verstreuten Trümmerchen dazu verführen, miteinander doch wieder zu liebäugeln, einander doch bitte schön noch einmal anzuziehen und sich dann Herrgott nochmal! wieder zusammenzutun, um niemals gesehene, ja noch nicht einmal geträumte Erscheinungen und Moden der hellen wie der dunklen Materie hervorzubringen, Gestalten und Wesen, grotesker und bösartiger – vielleicht aber, vielleicht, so fischfunke ich meiner zärtlichen Freundin Purpleheart, vielleicht aber auch liebevoller und gütiger, als wir es je waren.

Nachweise der Texte

Als ich noch unsterblich war
Abdruck in: *Gerede. Elf Ansprachen*, Frankfurt am Main 2014, S. 89–96. Ursprünglich 2013, zur Eröffnung des Literaturfestivals BuchBasel, gehalten am 24. Oktober 2013 in Basel

Am See von Phoksundo
Abdruck in: *Die Verbeugung des Riesen. Vom Erzählen*, Frankfurt am Main 2003, S. 23–32. Ursprünglich 1998, zur Verleihung des *Friedrich Hölderlin Preises* in Bad Homburg (*Kursiv* gesetztes Zitat aus: Friedrich Hölderlin, *Hälfte des Lebens.* in: *Sämtliche Werke und Briefe*, Band I, Carl Hanser Verlag, München 1992)

Der Sänger
Abdruck in: *Gerede. Elf Ansprachen*, Frankfurt am Main 2014, S. 74–81. Ursprünglich 2005, zum Erzählen in Strophen, gehalten am 12. Oktober 2005 in Frankfurt am Main

The Last Picture Show

Abdruck in: *Die Verbeugung des Riesen. Vom Erzählen*, Frankfurt am Main 2003, S. 33–38. Ursprünglich 2000, zu *Lichtjahre entfernt* – der vierten von sieben Etappen des Zyklus *Unterwegs nach Babylon – Spielformen des Erzählens* bei den Salzburger Festspielen 2000: *Dichter zu Gast*

Strahlender Untergang

Abdruck in: *Strahlender Untergang. Ein Entwässerungsprojekt oder Die Entdeckung des Wesentlichen*, Frankfurt am Main 2000. Ursprünglich erstmals abgedruckt 1982 im Christian Brandstätter Verlag, Wien

Floßfahrt

Abdruck in: *Gerede. Elf Ansprachen*, Frankfurt am Main 2014, S. 21–28. Ursprünglich 2009, zur Eröffnung einer Schau von Weltkarten in der Österreichischen Nationalbibliothek, gehalten am 23. April 2009 in Wien

Sarah Rotblatt, Schönheitskönigin

Abdruck in: *Gerede. Elf Ansprachen*, Frankfurt am Main 2014, S. 82–88. Ursprünglich 2013, zur Entstehung einer Kurzgeschichte, gehalten am 26. März 2013 in Marrakesch

Mädchen im gelben Kleid

Abdruck in: *Arznei gegen die Sterblichkeit. Drei Geschichten zum Dank*, Frankfurt am Main 2019, S. 15–31. Ursprünglich 2018, erzählt zur Verleihung des *Würth-Preises für Europäische Literatur* in Künzelsau am 28. Mai 2018. Erstabdruck in der *Frankfurter Allgemeinen Zeitung* am 25. Juni 2018

Arznei gegen die Sterblichkeit
Abdruck in: *Arznei gegen die Sterblichkeit. Drei Geschichten zum Dank*, Frankfurt am Main 2019, S. 9–14

Die dritte Luft
Abdruck in: *Die dritte Luft oder Eine Bühne am Meer*, Frankfurt am Main 1997. Ursprünglich 1997, gehalten als Rede zur Eröffnung der *Salzburger Festspiele* am 19. Juli 1997

Die Verbeugung des Riesen
Abdruck in: *Die Verbeugung des Riesen. Vom Erzählen*, Frankfurt am Main 2003, S. 61–69. Ursprünglich 1999, zum 70. Geburtstag des Dichters Hans Magnus Enzensberger (*Kursiv* gesetztes Zitat aus: Hans Magnus Enzensberger, *Siebzehnter Gesang*, in: *Der Untergang der Titanic – Eine Komödie*, Suhrkamp Verlag, Frankfurt am Main 1978)

An der Bahre eines freien Mannes
Abdruck in: *Arznei gegen die Sterblichkeit. Drei Geschichten zum Dank*, Frankfurt am Main 2019, S. 45–62. Ursprünglich 2018, erzählt zur Verleihung des *Kleist-Preises* unter dem Titel *Kohlhaas,* in Berlin am 18. November 2018. Erstabdruck unter dem Titel *Kohlhaas* in der *Frankfurter Allgemeinen Zeitung* am 28. Dezember 2018

Damen & Herren unter Wasser
Abdruck in: *Damen & Herren . Eine Bildergeschichte nach 7 Farbtafeln von Manfred Wakolbinger*, Frankfurt am Main 2007